Karl Euling

**Hundert noch ungedruckte Priameln des fünfzehnten Jahrhunderts**

Karl Euling

**Hundert noch ungedruckte Prameln des fünfzehnten Jahrhunderts**

ISBN/EAN: 9783744603744

Hergestellt in Europa, USA, Kanada, Australien, Japan

Cover: Foto ©ninafisch / pixelio.de

Weitere Bücher finden Sie auf **www.hansebooks.com**

# Göttinger Beiträge
## zur
# deutschen Philologie.

Herausgegeben

von

**Moritz Heyne** und **Wilhelm Müller.**

---

II.

## Hundert noch ungedruckte Priameln
### des fünfzehnten Jahrhunderts

mit einer Einleitung

von

Dr. Karl Euling.

---

Paderborn und Münster.
Druck und Verlag von Ferdinand Schöningh.
1887.

# Hundert noch ungedruckte Priameln des fünfzehnten Jahrhunderts

mit einer Einleitung

herausgegeben

von

Dr. Karl Euling.

Paderborn und Münster.
Druck und Verlag von Ferdinand Schöningh.
1887.

Die vorliegenden priameln sind ein zu bestimmtem zweck gemachter ausschnitt aus einer auf alle priameln des 15. jhrh. berechneten sammlung. Was ich nach gelegenheit und kräften thun konnte, um dem hier gebotenen den wünschenswerten grad von zuverlässigkeit zu geben, habe ich getban. An hindernissen hat es nicht gefehlt, die teils in der erlangung des materials, teils in manchen besonderen umständen lagen. Für freundliches entgegenkommen danke ich vor allen der k. universitätsbibliothek in Göttingen, sowie der k. hof- und staatsbibliothek in München, der k. ö. bibliothek in Dresden, der k. universitätsbibl. in Leipzig, der herzogl. bibl. in Wolfenbüttel, der k. universitätsbibl. in Tübingen, der grofsherzogl. hof- und landesbibl. zu Karlsruhe, der bibl. des german. museums in Nürnberg, der k. kreis- und und stadtbibl. in Augsburg, der k. bibl. in Berlin. Durch kollationen und abschriften verpflichteten mich die herren dr. Schüddekopf in Wolfenbüttel, Coërs hochwürden in Leipzig, Hahne in Göttingen, Tolle ebenda, dr. Weise in Hamburg, denen ich meinen besten dank sage. Die gröfste förderung und anregung aber ward mir, wie allen, die er in seine kreise zieht, durch die nie nachlassende güte meines hochverehrten lehrers, des herrn prof. dr. M. Heyne, zuteil, dem ich tief verpflichtet aufrichtig danke.

# I. Vorgänger.

Unsere kenntnis der priameln beruht bis jetzt im ganzen auf unkritischen und zum teil höchst mangelhaften texten. Obwohl Lessing und Eschenburg die beiden besten handschriften, A (Aug. 29. 6) und B (Aug. 76. 3), zu gebote standen, benutzten sie fast durchgehends den weit schlechteren überarbeiteten text von F G (Aug. 2. 4); aus B entnahmen sie nur einige wenige stücke, aus A nichts. s. zur geschichte und literatur 5, 197. Eschenburg denkmäler 393. Gräters Bragur II 332. Die texte sind meist modernisiert. Was Lessing und die wenigen seiner zeitgenossen für das verständnis und mifsverständnis der priameln gethan, zusammenzustellen, verlohnt sich heute der mühe nicht mehr, wenn auch noch Keller jene erklärungen mit einer gewissen unbegründeten ehrfurcht anführt.

Die abdrücke von einigen vereinzelten stücken, welche Leyser in den berichten der deutschen gesellschaft zu Leipzig von 1837 und Schletter in denselben von 1840 besorgten, hatten das verdienst, wenigstens keinen modernisierten text zu geben; aber abgesehen von der unzuverlässigkeit des kritischen apparates, wufsten die herausgeber zu wenig von der zugehörigkeit jener stücke zu den grofsen priamelsammlungen des 15. jahrhunderts, mit denen sie gemeinsamen ursprung und gemeinschaftliche geschichte teilen. Das verdienst, eine sammlung von etwas mehr als einem halben hundert priameln weiten kreisen zugänglich gemacht zu haben, gebührt Adelbert von Keller. Freilich können wir den lobenden recensionen über die 2. auflage der Kellerschen alten guten schwänke, Heilbronn 1876, nicht beistimmen; wer sich mit priamelkritik beschäftigt hat, mufs aus besonderen gesichtspunkten urteilen.

Zunächst besteht die herausgabe in blofsem abdruck einer der allerschlechtesten hsn, die für die textgestaltung fast ganz beiseite zu setzen ist. Hierfür einige ausgewählte belege: die Stuttgarter hs bietet: 21, 4 „das mach die glider schwach und madt" für „Das peut den glidern schach und matt" B. vgl. Rosenplüt beicht 145 (Keller Fsp. 1098). 22, 12 „der hat so vil schwacheit verzert" für „d. h. s. v. swacheit verzet" B. 24, 10 „zu ainer fauln hurn" für „zu eim fauln hursun" B. 28, 3 „bodengrun" für „podegram" A. 32, 5—6 „und groß lugin ungenoter ding jungfrawen schwecht, das manger wigt gering" für „Und groß lüg sagen ungenöter ding, Und jungfrauu swechen, das maniger wigt ring" A. 39, 2 „dem armen als den reichen nit verschmecht" für „Dem armen als dem reichen, und niemant versmeht" B. 39, 10 fehlt „böser" (ritter). 41, 9 „der weins kraft beseß" für „den w. k. b." A. 42, 5. 6 interpoliert aus 39 für „Und eins dem andern helt was es geret Darumb man dick und vil fur gericht let" A. 49, 5 „rapp" für „trapp" A. Anstatt der alten wörter sind dem 16. jh. näher liegende eingesetzt: 10, 5 „gerber" für „lederer" A. 37, 12 „unfall" für „verheitikeit" A. 14, 2 „hencker" für „hoher" A. 1, 10 „unnutzlichen" für „unentlichen" A. 15, 2 „schnitzer" für „bogner" A. 37, 7. 8 „sagt — jagt" für „seit — geit". Die wortstellung wie die wortformen sind, abgesehen davon, daß der schreiber schwäbelt, arg zerstört. Endlich 46, 11—12 „und des nachts lang uff der gassen umbgat, so er seinem maister nottigs arbaiten soll" bergen (wie zwei alte drucke) eine lücke; in A lauten die verse:

„Und des nachts lang auf der gassen umb gaukt
Und des morgens in der werkstat sitzt und gnaukt,
So er seim meister" u. s. f.

Trotzdem Keller die anfänge dieser priamel viermal aus den hsn verzeichnete, hat er nie einen blick auf vers 10 und 11 geworfen, sondern bemerkt in den anmerkungen z. d. st. „hiernach scheint eine zeile zu fehlen oder ist z. 10 oder 11 zu tilgen". Dazu kommt, daß man sich auf die vollständigkeit und genauigkeit von Kellers angaben nicht ganz verlassen kann; zu nr 7 unterläßt er zu bemerken, daß das stück auch in der Fsp. III Y bezeichneten hs vorkommt (Fsp. 1456); nr 28 kommt ebenfalls in Y vor (Fsp. 1435, 28); vgl. auch Steinmeyer im septemberheft des anz. f. d. altert. u. d. lit. 1876. II 2 s. 212 f. Von den alten gedruckten sammlungen kennt Keller nur β, den Mainzer druck. Wie mangelhaft die literaturnachweise in Kellers vorrede s. 5 ff. und s. 9 f. sind, springt schon aus einer vergleichung mit dem von Wendeler de preamb. s. 1 ff. zusammengestellten in die augen, obgleich hier ebenfalls manches nachzutragen wäre. Auch durch falsche konjekturen hat Keller den text gefährdet: zu 38, 4 „an der unee" vermutet er „unend" = faulheit und stützt sich auf Hans Sachs 5, 210, 25. 9, 201, 24. Die grundlosigkeit der vermutung wird erwiesen durch Von der stete ampten und von der fursten ratgeben (hg. von Vilmar, Marburg 1835) v. 630/31: „Wer eliches wip sme Vnd vffinbar siczet an der vn ee." Ebenso unberechtigt ist seine vermutung altd. hs. 3 Tübingen 1872 s. 29 „verricht" für „vernicht" in der unten gebotenen pr. XXXIX 2; denn erstens ist „vernicht" berechtigt (Schmeller bair. Wb. $2^1$, 675), zweitens „verricht" unmöglich wegen der wiederkehr in v. 4 derselben priamel. Warum endlich Keller der nr 54 seiner sammlung (s. 97) den charakter einer priamel abspricht, ist nicht abzusehen; vgl. Schneider, systematische und geschichtliche darstellung d. d. verskunst. Tübingen. 1861 s. 256, und von andern fassungen z. B. die in Michael Neanders deutsche sprichwörter. herausgegeben und mit einem kritischen nachwort begleitet von Fr. Latendorf. Schwerin 1864 s. 18. Auch nr 53 ist priamelmäfsig gebaut; ähnliche stücke mit sicher priamelhaftem charakter begegnen in den handschriftlichen sammlungen häufig, z. b. unten nr III und nr X. vgl. Uhland schr. zu g. der d. und s. II 528. — Es erhellt, dafs die kritische herausgabe auch der schon bekannten stücke ein bedürfnis ist; trotzdem beschränkt sich diese bescheidene sammlung ihrem nächsten zweck als promotionsschrift gemäfs auf hundert meist noch unbekannte priameln des 15. jhs.

Eine zeit lang schien es, als ob man sich auf eine herausgabe der priameln hoffnung machen könne, welche die höchsten wünsche befriedigte, von Wendeler (de preambulis. Halis S. 1870. s. 6). Aber das (s. 55) angekündigte buch erschien nicht, und seitdem sind wieder 16 jahre vergangen. Auf die allgemeinen ansichten des verfassers kann hier umsoweniger[1] eingegangen

---

[1] vgl. unten unter III.

werden, als ich der meinung bin, dafs die grundlage der untersuchungen durch herstellung kritischer texte erst geschaffen werden mufs. Wonach Wendeler seine hsn schätzte, läfst sich aus den angaben der dissertation nicht mit sicherheit bestimmen; seine arbeit sollte ja die gesamte entwicklung der priamel von der ältesten bis auf die jüngste zeit umfassen (de preamb. s. 6. altera commentationis parte exempla ipsa grammatice criticeque in pristinas formas redacta inde a vetustissimis temporibus in hunc usque diem historice describere mihi proposui). Dem gegenüber beschränken wir uns, wie gesagt, auf das 15. jh., können aber für unsre kleine sammlung erkennen, dafs Wendelers schätzung von Aug. 29. 6 als siebentbeste und die von Leipz. 1590 als viertbeste verfehlt ist, wofür unten der nachweis geführt wird. Zudem hatte Wendeler damals die treffliche hs des germ. museums zu Nürnberg 5339ᵃ noch nicht benutzt. s. de preamb. s. 30.

## II. Quellen.

Zur anführung der quellen dieser sammlung übergehend, bemerke ich, dafs ich dieselben selbst benutzt habe, wenn nicht das gegenteil angegeben ist.

A = Aug. 29. 6. hs der herzogl. bibliothek zu Wolfenbüttel, von Keller Fsp. 1433—1440 beschrieben. Keller hat aber s. 1439 zwischen nr 64 und 65 eine priamel ausgelassen: Wo allweg gut gericht ist in einer stat. vgl. noch bericht an die mitgl. der deutschen gesellsch., Leipzig 1837, s. 15 f. Serapeum II 23. s. 353 ff. 355. Bei Wendeler (de preamb. 21. 29) G.

B = Aug. 76. 3. ebenfalls in Wolfenbüttel. Keller Fsp. 1357—1372. Kollation und genauere nachrichten über die hs verdanke ich der bereitwilligkeit hrn Hahnes aus Braunschweig; gesehen wenigstens habe ich diese hs wie auch Aug. 2. 4. selber. Die sammlung umfafst 134 stücke; die hand, welche diese priameln schrieb, löst zwei vorhergehende ab und unterscheidet sich von der nächstvorhergehenden (bl. 108—49) durch kleinere buchstaben, kräftige zeichnung derselben und sorgfältiges innehalten der linien oben und unten. Bei Wendeler A. (de pr. s. 2).

C. Der ältere teil von Cgm 713 der königl. hof- und staatsbibliothek zu München: vgl. catalogus codicum ms. bibliothecae reg. Monac. tom. V. 1. München 1866. s. 116. Schletter, Serapeum II. s. 356 und bericht 1840 s. 38. Bei Wendeler B. B¹ (de pr. s. 5. 27 anm. 2). Keller Fsp. 1162—67. Schon im inhalt der hs sondern sich 3 hauptteile aus; hände unterscheide ich 3, die erste bis bl. 25ª, die zweite bis bl. 64ª, die dritte von da bis zu ende. Mit bl. 64 nämlich beginnt auch eine ganz andre hs, in welcher gröfse der blätter und linien von der der vorigen abweichen. Bl. 172ª fängt eine neue sammlung und wahrscheinlich auch selbständige hs an, welche von demselben schreiber, wie die unmittelbar vorhergehende sammlung, verfertigt ist und gleich guten text bietet. Bei den in beiden teilen der hs (bl. 64--171 und bl. 172 bis zu ende) wiederkehrenden stücken ist der erste mit C¹, der andre mit C² bezeichnet.

D. hs der königl. bibliothek zu Dresden M 50: s. katalog der hsn der k. ö. bibl. zu Dresden von Schnorr v. Carolsfeld II. Leipzig 1883. s. 446 ff. Keller Fsp. 1326—44. Eine zweite signatur: M S 58ᵈ, welche schon irrtum veranlafst hat (Keller Fsp. 1477), steht auf dem reste des dritten vorblattes, wo ein neues inhaltsverzeichnis begonnen, aber ausgerissen zu sein scheint. Eine vierte reihe von priameln, bl. 406 f., bringt varianten zu nr 65. 68. 69 der hs; bei diesen stücken ist der spätere teil der hs mit D², der frühere mit D¹ bezeichnet. Der spätere text ist hier der bessere.

E. hs des germ. museums zu Nürnberg 5339ª, von Keller anz. f. k. d. d. vorz. 1859, 9—12 beschrieben. Wendeler in Wagners Archiv 1, 436. Keller verzählte sich in den blättern, indem er I C, II C für 101, 102 nahm; es bezeichnet 100, 200.

F G. F. der bis bl. 132ª reichende teil von Aug. 2. 4. fol. zu Wolfenbüttel: s. zur gesch. u. lit. 5, 20 ff. 187 ff. Eschenburg denkm. 389 ff. Vridankes besch. von Grimm¹ s. X. Wendeler de pr. s. 2. Die 3 teile der hs sind mit tinte von bl. 132 an durchpaginiert; G der letzte teil der hs von bl. 181 bis zu ende ist auch selbständig mit roten blattzahlen versehen. bl. 31 und 47 in G sind ausgeschnitten; bl. 71 doppelt gezählt. Hinter bl. 74 sind viele blätter einer neuen hs, die zum teil ebenfalls auf die ränder einer älteren geklebt war, ausgeschnitten, das letzte an den rückdeckel geklebt. In F ist bl. 58 ausgerissen, bl. 49 doppelt gezählt. bl. 132 hört die alte blattzählung auf und die nunmehr beginnende paginierung von Heinemanns führt gleich mit 145 statt 147 fort. Beide hss scheinen, abgesehen von den Bonerischen fabeln, von derselben hand geschrieben. Auf jeder seite befinden sich 2 kolumnen zu je 45 zeilen; zwischen den einzelnen stücken ist für 9 zeilen raum gelassen. Das meiste aus Aug. 2. 4. verdanke ich dr. Schüddekopf in Wolfenbüttel.

**H.** hs der Leipziger universitätsbibliothek 1590 in 4° (vgl. Schletter Serapeum II 357); ganz ungenügend beschrieben in Bibliothecae Schwarzianae pars II seu catalogus librorum continens codices ms vetustos et libros saeculo XV ab incunabulis typographiae impressos quos olim possedit et notis adiectis recensuit Christ. Gottlib. Schwarzius qui librorum apparatus pro parata pecunia divendetur Altorfii et Norimbergae ap. Lochnerum s. a. (1769) 8° s. 14. nr XXXXIII. Identisch ist die von G. A. Will in „bibliotheca Norica Williana oder kritisches verzeichnifs aller schriften, welche die stadt Nürnberg angehen, und die zur erläuterung deren geschichte seit vielen jahren gesammlet hat, nun aber im öffentlichen drucke beschreibet G. A. Will. pars III. IIII." Altdorf 1774. 8°. s. 160 unter nr 771 vermerkte hs, womit sich Kellers hinweis Fsp. 1195, der hier wohl auf eine neue hs aufmerksam zu machen meinte, erledigen würde. In Wills angabe nämlich: „p. II. pg. 43. nr 14" liegt ein druckfehler oder ein versehen vor; denn nr 14 (Dresdener hs M 50) steht in der bibl. Schwarz. auf s. 5. Die korrektur aber: „p. 14 nr 43" wird von der bibl. Schwarz. an die hand gegeben. Wendeler de pr. s. 6. Wagners Archiv I 123. Hier ist Wendeler im zweifel, ob die hs überhaupt eine signatur habe; diese aber (1590) scheint nicht aus neuester zeit herzurühren. Sollte Wendelers D, seine viertbeste hs, eine andre als unsere H sein? Diese steht mit ihren zahllosen verderbnissen und ihrem oft blühenden unsinn ergebenden texte ziemlich tief. Genauere beschreibung der hs, welche durch eine sprichwörtersammlung (Goedeke Gr.¹ § 103.) interessant ist, wird vielleicht andern orts gegeben.

**J.** hs der königl. kreis- und stadtbibliothek in Augsburg „von Halder nr 592": Keller Fsp. N. 324 ff. altd. hs nr 16.

Vermutlich ist diese hs dieselbe wie die in der bibl. Schwarz. s. 14. nr 44 aufgeführte. Abschrift der priameln schulde ich der vermittlung des bibliothekars dr. Dobel in Augsburg. Beim zitieren bin ich auf die numerierung der stücke in meiner abschrift angewiesen, von der ich nicht weifs, ob sie auch in der hs steht.

K bezeichnet den ersten bis bl. 39$^b$ gehenden teil der oben vermerkten hs Cgm 713. Wendeler de preamb. s. 27 glaubte diesen teil der hs nicht vor 1550 setzen zu dürfen; dazu liegt aber nach dem urteil des oberbibliothekars Laubmann in München kein grund vor.

L. hs der Leipziger stadtbibliothek Rep. II s. 160. Naumann catalogus libr. ms. qui in bibl. senatoria civ. Lips. asservantur s. 34. nr CXII. Nähere nachrichten und abschriften verdanke ich C. Coërs hochwürden in Leipzig.

M. hs der grofsherzogl. bibliothek zu Weimar 42 Q. Keller Fsp. 1453—63. Abschriften verschaffte mir auf gütige vermittlung prof. dr. M. Heynes Georg Tolle in Göttingen. Keller hat s. 1456 zwischen nr 24 und 25 ausgelassen: Im alter wirt der man grab.

Soweit die gröfseren handschriftlichen priamelsammlungen. Von hsn, die vereinzelte stücke bieten, sind hier benutzt:

a. hs der Hamburger stadtbibliothek 4 C. U. Keller Fsp. 1430—33. Abschrift zweier priameln wie nachrichten über die hs stellte mir dr. Weise in Hamburg zur verfügung.

b. Cgm 270. s catalogus s. 31. Schletter Serapeum II 356. Die hs hat den namen eines bisher nicht bekannten priameldichters, des Sultzers, überliefert, wovon später zu handeln sein wird (vgl. unter III).

c. hs von St. Blasien nr 77 auf der grofsherzogl. hof- und landesbibliothek zu Karlsruhe. Keller altd. hs 3. Abschrift der priamel nr XXXIX wurde mir von der bibliotheksverwaltung gütigst mitgeteilt.

d. codex ms. Luneburg. 2. der königl. universitätsbibliothek zu Göttingen. philol. wochenschrift unter mitwirkung von G. Andresen und H. Heller hg. von W. Hirschfelder. II nr 24, sp. 757—58 — diesen ersten aufsatz habe ich nicht gesehen — und nr 48, sp. 1525—1532.

Von drucken, welche für die textgestaltung in frage kommen, sind unten herangezogen:

δ. Eins Freyharts Predig | sampt hundert allten Sprüchen | der Welt lauff betreffend: Nutzlich vnd sehr kurtzweylig zu lesen. Es folgt der von Wendeler de preamb. s. 48 beschriebene holzschnitt; abseits steht Laßbergs name; am ende: Gedruckt zu Augspurg durch Mattheum Francken. 31 blätter. kl. 8°. in der königl. bibliothek zu Berlin Yd 3219.

ε. der Mangersche druck desselben buches ebenda Yd 3220. 31 bl. kl. 8°. Ein zweites exemplar, das ich nicht gesehen habe, weist Weller ann. 2, 302 in München nach.

η. ein Frankfurter druck desselben buches von 1563 durch Johann Lechler aus Meusebachs bibliothek. Lachmann z. Walther 88, 1. 28 bl. kl. 8°. In δ ε sind die stücke numeriert, in η wird nach den blättern angeführt.

ζ. dasselbe mit Sachsens Baldanderst „gedruckt zu Nürnberg | in der Fuhrmännischen Truckerey | bey Johann Friderich Sartorio". 23 bl. in Berlin Yd 3223. Weller führt ann. 2, 305 ein mir unbekanntes Ulmer exemplar an.

ι. „Ein Kurtzweilig Reysebüchlein. Darinnen des Freyharts Predigt erzehlet wird. Sampt Ein hundert vnd Dreißig alten Sprüchen | der Welt Lauff betreffend | nützlich anzuhören | vnd lustig zu lesen | wann einem zeit vnd weil lang ist." Unter einem holzschnitte: „Wer kans machen berichte mich | Das es jederman zu danck nimpt an sich. Anno 1584." Ende: „Gedruckt zu Dresden | durch Gimel Bergen. Anno MDLXXXIII." 32 bl. kl. 8°. Yd 3227.

Die betreffenden teile der meisten hsn gehören der zeit des abwärtsgehenden 15. jhs an; datiert sind C vom j. 1476 im catalogus s. 116, b vom j. 1464 ebenda s. 31, L von 1492, E ist zwischen 1464 und 1479 entstanden zu denken (Wendeler in Wagners archiv 1, 436), die entstehungszeit von d endlich fällt in die jahre 1474 bis 1499 (phil. wochenschrift a. a. o.). Ebenso ist F G von Eschenburg in die zeit des ablaufenden jhs gesetzt (denkm. 393); c aber ist früher geschrieben; Mone gab der hs als titel: Heinrici Ottner diaconi varia manuscripta ab anno 1439—42 (Keller altd. hs s. 29). Das alter der hsn deckt sich aber keineswegs mit ihrer güte. c nämlich, unsere älteste hs, bietet nach ausweis der zu pr. XXXIX angemerkten lesarten einen schlechtern text als B, und hat allemannisierte wortformen) vgl. ü für i in nümer, den superl. allersåligost, i statt ei). Äbnlich ist es mit hs b, welche aufser beträchtlichen unguten änderungen die sprache zu viel verbaiert. vgl. pr. III. Allerdings aber stehen die geringeren hsn F—M auch der zeit nach hinter A—E zurück. Der umstand ferner, dafs vereinzelte stücke besonders in älteren hsn sich finden (von denen mehr existieren, als behufs dieser sammlung mitaufgezählt), weist darauf hin, dafs die stücke erst einzeln in die öffentlichkeit gelangten, und alsdann nach der mitte des jhs gesammelt wurden. Es macht sich auch in den späteren hsn das bestreben kund, mehrere stücke zu kontaminieren (s. Eschenburg denkm. 425 nr LXXI aus G. vgl. mit pr. XXXVIII ff.; ebenso fährt H bl. 133[b] nach: „Von alter vallen pein zu tall" fort:

„Das alter nimpt den ochssen sein zuck
Vnd dem falcken sein fluck
Vnd dem zers sein wicz
Vnd der fud jr hicz
Vnd den frauen jr schon
Vnd den vogel sein gedöu
Das schaft alles das alter
Des muß sein der zerß teuffel walten.")

und interpolierend fortzudichten. vgl. die Stuttgarter hs von 1520, Keller schwänke nr 35, 5—10, eine interpolation, welche die drucke nicht kennen. Im ganzen sind die älteren hsn mit regelmäfsigern und fetteren buchstaben geschrieben, in den jüngeren erscheint bisweilen kursivschrift.

Fast alle unsre hsn weisen nach Bayern, manche F, G, D, d direkt nach Nürnberg, E nach Passau, B wegen des inhalts und einiger wortformen (siebenmal û für Nürnbergisches u, helt bl. 182[a] für holt. Weinhold bair. gr. 13) nach Augsburg. Nürnberg also das zentrum der entstehungsorte unser hsn; alle hsn von A bis M mit ausnahme von J führen sonst noch Rosenplütsches dichtungsgut. Von zwei hsn kennen wir die schreiber; als schreiber von E den bürger Sigmund Hurrer in Passau, von L den gewerbsmäfsigen abschreiber Diederich Stofs, der mehrere nummern des Naumannschen katalogs anfertigte.

Keine hs stammt direkt aus der andern; der bestand der einen deckt sich nie mit dem einer andern. Alle haben aber andrerseits bestimmte reihen gemeinsamer stücke, welche zum teil in ein und derselben reihenfolge wiederkehren; manche hsn zeigen gemeinsame fehler. Damit ist ihr gemeinsamer ursprung, dessen art und weise freilich noch besonders zu erörtern ist, vorläufig bewiesen.

Was die einzelnen hsn anbetrifft, so ist Aug. 29. 6 (A) auf keinen fall mit Wendeler hinter Aug. 76. 3 (B) geschweige denn hinter C D F G zu setzen. Ich habe nur zu beweisen, dafs A besser ist als B. Diese hs bietet an vielen stellen einen text, der nicht nur stark verdorben, sondern dessen schaden stellenweise schon verkleistert ist. bl. 156$^b$ sind in dem stück: „Wo albeg gut gericht ist in einer stat", welches Keller um 2 verse verkürzt und schwer verdorben als nr 42 der Stuttgarter hs entnahm, 2 verse aus pr. nr XLIII interpoliert:

9 „Und wucher und eeprechen des man nu rümpt
10 Die man etwen mit den stainn vertumpt."

Hier sind sie völlig unmöglich.

bl. 169$^b$ heifst es in der pr. Keller schwänke nr 7 „kiffarbeit" statt „kifferbefs".

bl. 167$^b$ in der pr. „Ein mistpfütz und ein pful" Keller nr 48 fehlt ein vers und findet sich die zusammenziehung:

„Und ein climer und ein geiger
Und ein tanz und ein rei" u. s. f.

bl. 181$^b$ „Und al mefs die ie wurden gesprochen oder gelesen Von cristen von kriechen von origeischen stzungen" statt „gelesen oder gesungen", „kriechen" und „orientschen" vgl. Leyser bericht 1837 nr 4.

Ferner bl. 182$^a$ in „Wer zu himel wöl ein neue freud machen" v. 10 „Und nimer thun gantz sich setzen" statt „U. n. th. gatz fur sich setzen" A. (Schmeller b. Wb. 2,$^1$ 88.) Leyser gab „gaiz", was in keiner hs steht. In B oder dessen vorlage ward also das seltene wort nicht verstanden, an seine stelle trat „gantz" und dann warf man auch noch „fur" heraus, um sich einen unsinnigen sinn zurechtzumachen. A hat hier allein das richtige erhalten.

Es giebt noch eine stelle, wo A allein das richtige, B noch eine spur davon, C und die übrigen nichts mehr vom ursprünglichen aufweisen. In pr. 42 (Keller) lauten statt der interpolierten verse 5. 6 der Stuttgarter hs dieselben nach A:

5 „Und eins dem andern helt was es geret,
Darumb man dick und vil fur gericht lett,
7 Und gerechte maß, gewicht und erein elen,
Domit man aus sol messen und hinzelen."

B hat noch in v. 7 „gewicht und der elen", alle andern „gewicht und elen".

Im ganzen hat B etwa 50 verderbnisse leichterer und schwerer art, die nach obigen nicht mehr aufgezählt zu werden brauchen. Dem gegenüber hat A fast nur kleine schreibfehler, welche stets das rechte erkennen lassen; ich zähle alles auf: stück 8, 12 „stifft" statt „schifft". 16, 10 „Das das" st. „Dan das". 19, 5 „der" st. „den" (auch E 57, 13.). 19, 12 „ein" st. „die". 19, 13 „die" st. „den". 42, 13 „stetig" st. „zeitig". 51, 14 „ain" st. „am". Auch leichte wiederholungen kommen vor wie pr. I 10. Bisweilen mag noch ein wort ausgefallen sein, dessen unentbehrlichkeit aber meist nicht nachzuweisen ist. pr. I 14 hat das interpolierte „nyt" das rechte verdrängt.

Bei den geringeren hsn tritt als kriterium für ihren wert noch die entfernung von den bessern hsn in der reihenfolge der stücke hinzu. Die priameln von hantwerken und die geistlichen sind in allen hsn fast gleich geordnet; zersprengt sind die hantwerkspriameln in E, ganz umgeordnet die geistlichen in K. Auch innerhalb der andern weltlichen priameln sondern sich komplexe aus, so die, welche sich auf den stadtrat und auf gewisse berufsstände beziehen. Der umstand, daß die stücke ursprünglich wohl in gruppen verbreitet wurden, hat nun zur folge, daß die texte der hsn, welche aus nicht ganz gleichwertigen überlieferungen zusammengesetzt wurden, auch nicht durchweg gleichartig ausfallen konnten. So steht C stellenweis unter D E, ist aber im ganzen, wie zahl und gewicht der verderbnisse ausweisen, etwas über die genannten eben nicht schlechteren hsn zu stellen. Man wird so gezwungen, die hsn etwas summarisch zu schätzen und im einzelnen falle nicht stets auf dieselbe weise zu verwenden. Die belege für alles hier gesagte geben die lesarten.

F G steht ziemlich von A B C D E ab durch die menge ihrer willkürlichen umdichtungen und weiterführungen, und durch die untreue der überlieferung im einzelnen. H dagegen läfst meist das rechte erraten, ist aber die am meisten verderbte hs; die sonderbarkeit und der unfreiwillige humor der lesarten, der oft nur aus misverstandenem gehörten zu erklären ist, macht wahrscheinlich, dafs diese hs wenigstens stellenweise nach diktat geschrieben ist. Gegen ende wird der text ein wenig besser.

Die hsn J bis M enthalten abgesprengte stücke in geringer anzahl, welche einen ziemlich schlechten grad der überlieferung darstellen, da keine von willkürlichen interpolationen frei ist.

Die zwei in a überlieferten priameln schliefsen sich den mittelguten hsn an. Die texte der stücke aus b und c sind, obwohl die hsn zu den älteren gehören, stark fehlerhaft und stehen von der sonstigen überlieferung ziemlich weit ab.

Die 5 angezogenen drucke haben gemeinsamen ursprung; die vorrede und die reihenfolge der stücke ist in allen mit ganz geringen abweichungen dieselbe; lücken sind gemeinsam; nur ist in den späteren drucken der inhalt vermehrt. Die vorrede giebt auch die quelle genauer an; im Franckenschen drucke heifst es: DIweyl ich jetzundt | Gott sey lob | sihe allerlay feyne löbliche Gedicht vnnd Sprüche | täglich durch den Truck an tag kommen | So wolt ich dise allte kurtzweylige Sprüchlein (aufs ainem Allten | hundertjärigen | geschribnen zerrifsnen Bůch geklaubt) den zerrifsnen vnd scharmützlein nit zu thail lassen werden | gütter maynung: Darauſs wol zuspüren | was vnser Vorältern für gedancken gehabt | vnd der Jugent durch allerlay mittel | Erbar vnd wol zu leben | eingebildet wurde etc." Dafs Johann Agricola an dieser sammlung anteil hat, vermutet Goedeke Gr¹ § 103, 3. Die nachricht der vorrede, dafs eine hs des 15. jhs zu grunde liege, wird durch die art der fehler („sehrt" für „tährt" u. a.) bestätigt. Dafs die vorlage keiner der oben angeführten hsn näher verwandt gewesen, beweisen die lesarten der gleichen priameln und die neu überlieferten stücke. Die hs gehörte zu den stark interpolierten. Einmal in dieser sammlung konnte B aus den drucken berichtigt werden. s. pr. XXXII 3.

## III. Verfasser.

Wenn man von verfassern der priameln redet, so hat man sich zu vergegenwärtigen, dafs das eigentliche verfasserrecht und verfasserverdienst doch vielfach einzuschränken ist bei einer dichtungsart, die literarisch wenig geachtet, sehr beliebt, dem sprichwort verwandt (Wendeler de pr. s. 13—17) und aufserordentlich volkstümlich ist. Es mag nur daran erinnert werden, wie einesteils das thema gewisser priameln uralt ist (vgl. Keller schw. 1 und 5, von denen es endlose variationen giebt, mit Vridanc 58, 13), andrerseits auch der dichter schon bestimmt ausgeprägtes sprachmaterial benutzte; vgl. die priameln vom alter, Pfeiffers Germ. 3, 371 mit Renner 23009—46 (die geschichte dieser veränderungen zu verfolgen, wird einem besonderen kommentare zufallen). Aber die verwendung dieses alten materials in einer selbständigen kunstform begründet immerhin ein verfasserrecht, besonders wenn die kunstform so charakteristische züge trägt wie bei Rosenplüt. Man mufs in der that einen unterschied machen zwischen der mehr unkünstlerischen vorrosenplütschen priamel, die auch nach Rosenplüt nicht aufhört kultiviert zu werden, und der kunstmäfsigen, vom sprichwort weiter abstehenden priamel, welche auf die Nürnberger dichter, im besonderen auf Rosenplüt, zurückzuführen ist.

Eine auf allen beispielen von priameln fufsende geschichte dieser dichtungsart würde beweisen, dafs die eigentlich klassische kunstform der priamel von Rosenplüt geschaffen ist. Vor ihm ist auch der name dafür nicht nachweisbar (vgl. Wendeler de pr. s. 20 ff.). Dieser name hatte aber bei seinem auftauchen einen viel weiteren begriff, als Lessing aus einseitiger anschauung ihn definierte; er wird kaum anders gewesen sein, als er in einer stelle des fruchtbar lobe D s. 38 erscheint,

„Da hortt ich erst awß vogel snebel
Das allerlieplichst sueße preambel."

Wie Rosenplüts sprache von wörtern aller hantwerke und künste schillert, wie Rosenplüt viele wörter, die sonst nur technisch gebraucht wurden, in die gewöhnliche dichterische sprache einführte, so wäre es nicht zu verwundern, wenn er es auch mit diesem gethan. Zur ausschliefslichen herrschaft ist der name übrigens nicht gekommen; das inhaltsverzeichnis von H bezeichnet die priameln mit „spruchlin", die überschriften von E mit „sprüchpörter", von b mit „sprüchlin", die drucke kennen ihn gar nicht. Wendelers kombination, der den namen priamel aus eingängen epischer gedichte herleitet, wobei praeambulum statt prooemium am rande gestanden haben sollte (Wendeler de preamb. s. 26. 27), ist unhaltbar. Die sitte, solche bezeichnungen einer erzählung beizufügen, hat wenn überhaupt, nie allgemein existiert; höfisches epos und priamel bieten einander sehr geringe berührungspunkte; die meinung, preamel sei eine falsche auflösung von p'ambl, ist unwahrscheinlich, der name selbst vorher gar nicht nachzuweisen. Alle erklärungen des namens und alle definitionen des begriffs, die sich hier nicht auf das historisch gegebene material stützen, dürften mangelhaft werden.

Kaum aber war die priamel in dieser pikanten form ausgeprägt, so wurde sie so beliebt, dafs sie anfing herrenloses gut zu werden. Für die ungeheure verbreitung der priamel zeugt, dafs noch keine hs gefunden, die der andern ganz gleich wäre. Die freiharte (Wendeler de preamb. s. 45 ff.), wie später die pritschenmeister (Steinberger), bemächtigten sich der priamel; infolge davon mufsten sich alle jene übelstände in den texten äufsern, welche allemal entstehen, wenn gedichte in lebendigem flufs einer mündlichen überlieferung kursieren, die weder verfasserrechte noch originaltexte respektiert.

Die untersuchung erledigt erst die nicht Rosenplütschen stücke dieser sammlung.

Auf einen aufsernürnbergischen ursprung weist pr XLVIII; vgl. v. 4. Auch pr C ist der haltung und komposition nach nicht Rosenplütisch; sie steht aufserdem zwischen sprichwörtern in c bl. 57 mit abweichungen. Keller altd. hs. 3. Ebensowenig Rosenplütisch ist pr XLIX. pr L ist wohl nur weiterdichtung des motivs mehrerer Rosenplütschen prn. vgl. pr XVI. XVII. Pfeiff. Germ. 3, 371. und oben s. 12.

Ähnliche noch nicht klassische prägung zeigen auch die reste dreier priameln des Sultzers in der hs b. Dafs mit dem namen des Sultzers nicht viel anzufangen ist, ergiebt sich aus den Vridancversen, welche unter seinem namen stehen. Ich gebe den ganzen passus b bl. 203ᵃ f.

Das sint des sultzers sprüch
Wer sagen ist der junckfraw sit
Doch ist jn lieb das man si pit.

vgl. Vridanc 100, 24. Ohne unterbrechung geht es weiter:

Ain lieb vnd nit mer
Ist allen frawen ain er
A... der... vnd... der...

(ein besitzer der hs war so prüde, daſs er wo er konnte die wörter „liebe" und „mynne"[1]) ausradierte; deutlichere wörter sind sämtlich gelöscht, ganze teile von blättern entfernt und neue angeklebt, welche namen, wappen und zahlen aus dem 16. jh tragen.)

So het chain... gewalt
Wa sich lieb jn rechter lieb nert
Die selb lieb nit pfenning begert
Das... sey das glaüb jch
Wie vnselig sind sy paide
Wer ich geporn von judas art
Und wer der pöst der je wart
Und wer mein müter ain hůr (in rasur)

bl. 203ᵇ  Und mein vater ain dieb
Ich het gelt jch wer danest lieb

Wenn für hůr nicht ursprünglich ein auf dieb reimendes wort gestanden hat, so müssen wir den ausfall eines verses annehmen. vgl. Vintler, die plumen der tugent 7242 ff. L. von Ledebur teilt Aufsefs Anz. II 228 eine fassung dieses priamelartigen spruches aus dem 14. jh, wie er meint, mit; er ist dort nur vierzeilig, weicht auch ziemlich ab. vgl. Eschenburg denkm. s. 398 nr IX.

Die hs fährt fort:

Ain anders
Ain O ist ain munt vol.     s. Futilitates medii aevi s. 6, wo Pfeiffer aus den texten in b und Cgm 379 den spruch unberechtigter weise ins „reine" mhd zurückübersetzt hat. Dann

Ain anders
Wer saltz sect s. Manuel hg. von Baechtold s. 166.

---

[1]) vgl. Haupt zu Engelhard 977 f. Milchsack in Paul und Braunes beitr. 1878. 5, 288 f.

Ob der name des Sultzers nur für die ersten sprüche, nicht für die letzteren gelten soll, läfst sich nicht sagen.

Ain anders
Ain junges weib
Mit stoltzem leib
Die vnder jr tẅr stat
Und des weisen uil jn dem augen hat
bl. 204ᵃ Mich dunckct wol jn meinem sinn
Sie pflege auch gerne der liebin
Die wart nie frisch an dem grat[1])
Die das hauß vber tag am halß hat
Die ward auch nie chain bider weib
Die mit der haubn vber tag jm fenster leyt.

Der letzte vers sowie das wort „liebin" vier verse vorher sind von jüngerer hand; der folgende teil des blattes ist abgeschnitten und ein neues aufgeklebt.

Einen ganz andern charakter zeigen die priameln, welche den grundstock der gröfseren handschriftlichen sammlungen bilden.[2]) Einheitlicher art sind alle priameln der 4 ersten hsn A B C D; in E, in den hsn F G H J K L M und zum teil auch denjenigen, welche vereinzelte priameln enthalten, haben sich um den grundstock verschiedenartige bestandteile, wie nichtpriamelartige sprüche, Vridanc- und Rennerverse nebst ganz heterogenem literarischen material angesetzt. Die hs F G enthält auch stücke von Folz.

Der gemeinschaftliche charakter der stücke von A B C D zeigt sich besonders in folgendem. Zunächst weisen die priameln fast alle dieselbe komposition auf; sie zählen meist 8 bis 14 verse mit 4 hebungen; in hs A, in welcher wir die ursprünglichste reihenfolge bewahrt finden würden, wenn durch verbinden der blätter die 2 verschiedenen sammlungen dieser hs nicht verstümmelt und verwirrt wären, ist aufser einer gewissen

---

[1]) vgl. Walther 67, 31. mhd. wb. I 567.

[2]) Keineswegs soll mit dieser so allgemein gehaltenen untersuchung, deren nachprüfer das benutzte material meist nicht zugänglich ist, einer auf jedes gedicht besonders gerichteten kritik vorgegriffen werden; dafs die ganze frage nicht hier zu lösen, ist mehrfach in dieser arbeit ausgesprochen.

sachlichen, eine anordnung der priameln nach abnehmender verszahl wahrzunehmen. Die verse sind meist sehr überladen. In allen zeigt sich ferner eine durch einfluſs des md modificierte sprache, wie sie in Nürnberg herrschte. Ausschlieſslich Nürnbergische und oberpfälzische wörter und wortformen wie schutz = polizeiaufseher Schmeller b. wb. 3, 422, gatz = unflat Schmeller 2, 88, ruppe = aalraupe Schm. 3, 118, altreuß = schuhflicker Schm. 3, 131, horen = hirn Frommann zu Grübel 3, 239 u. a. lassen daran keinen zweifel. Sprachmittel, ausdrucksweise, manier verraten eine bestimmte dichterische individualität.

Schon durch den umstand, daſs jene priameln in hsn überliefert, die fast nur Rosenplütsche dichtungen, oder vorwiegend solche enthalten, werden wir darauf geführt, Rosenplüt ein verfasserrecht auch für die priameln zuzusprechen. Der eigentliche beweis aber wird dadurch erbracht, daſs sich übereinstimmungen in Rosenplütschen werken mit den priameln finden, welche jedes anderen anrecht auf dieselben ausschlieſsen.[1])

Hier muſs ich gleich den gebrauch rechtfertigen, den ich auch bei bestimmung von verfassern der fastnachtspiele von „wiederholungen" gemacht habe. Wiederholungen lassen sich auſser auf denselben dichter noch auf nachahmer und umarbeiter oder auf dichter zurückführen, die dasselbe material benutzten. Wenn die verglichenen stücke zeitlich auseinander lägen, so wäre nachahmung oder umarbeitung möglich. Rosenplüt dichtete noch im 6. jahrzehnt des 15. jahrhunderts; zum teil noch früher setzen unsere hsn der Fsp. ein. Zu seinen lebzeiten aber konnte Rosenplüt nicht dulden, daſs man ihn massenhaft wörtlich ausschrieb oder unter seinen augen umarbeitete. Die andere möglichkeit, daſs mehrere dichter dasselbe material benutzten, könnte

---

¹) Bereits Wendeler de preamb. s. 31 und nach ihm Keller schw. s. 10 hatten auf den weg der sprachlichen untersuchung gewiesen. Die ähnlichkeit von pr XXI mit meisterl. predig 107 ff. hatte Keller Fsp. 1339. 1341. 1531 hervorgehoben. vgl. s. 27 ff. Übrigens muſste ich von berücksichtigung der hie und da ausgesprochenen behauptung über Rosenplüts verfasserschaft an der und der pr. absehen; denn mit ausnahme der bemerkungen Wendelers über Rs. autorschaft an 19 geistlichen und noch einigen prn (de preamb. s. 81. stud. II 424 anm. 18.) waren alle andern mir bekannten äuſserungen unbewiesen oder wie die vermutung Kellers über die stücke in L (Fsp. 1477) in ihrem umfange nicht zutreffend.

hier nur in betracht kommen, wenn das Fsp vor dem auftreten Rosenplüts und seiner vermeintlichen rivalen eine bis auf fixierung von formeln, wendungen und sprachlichem ausdruck gehende ausbildung gehabt hätte. Davon ist aber nicht die spur nachzuweisen. An blofse benutzung gängiger volksmäfsiger ausdrücke zu denken verbietet die art und spezielle verwendung der unten aufgeführten wiederholungen von selbst. Dafs nun Rosenplüt sich wirklich selbst auszuschreiben pflegt, wird bewiesen durch eefrawen (Goedeke § 94 nr 27) 103—104 (D. s. 402 ff. E. bl. 17ᵃ ff.) = spruch von ainem palbirer Keller altd. erz. 431, 3—4 s. unten. wo die stellen ausgeschrieben. Fsp. der neue oficial 771, 8—9, als dessen verfasser Rosenplüt durch zeugnis von Dresd. M. 50 bl. 405ᵃ und Nürnberger 5339ᵃ bl. 18ᵃ feststeht, = eefrawen 105—106. s unten. vgl. die unten angeführten parallelen. Nach dem handwerksmäfsigen poetischen betrieb ist auch nichts natürlicher als das. vgl. Wendeler stud. I 115, Keller Fsp. 1162, Sommer, metrik des H. Sachs s. 96.

Bevor ich dies im einzelnen ausführe, mufs ich darauf hinweisen, dafs Rosenplüts dichterische persönlichkeit noch immer ein etwas nebelhaftes wesen ist, nebelhaft trotz Wendelers umsichtigen bemühungen, nebelhaft durch die schatten, welche seine doppelgänger Schmicher, Hans Zapf, der schuler gut, Rofsner auf ihn werfen, nebelhaft so lange seine werke nicht in kritischer ausgabe, die besonders sein verhältnis zu seinen vorgängern aufhellte, vorliegen.

Bei ungedruckten werken Rosenplüts war ich notdürftig auf abschriften, lektüre der hsn und auszüge angewiesen. Aber auch die zu prüfenden priameln liegen zum grofsen teil noch nicht in texten vor, die zu untersuchungen benutzt werden dürfen. Ich zitiere daher diese priameln nach den hsn, am meisten nach B, weil diese hs umfassender ist als A, sonst nach der betreffenden hs, in der sich das stück findet.

Was durch Kellers publikation in den Fspn zugänglich geworden, mufs fast alles erst auf den verfasser hin geprüft werden. So erscheint es notwendig, vorher diejenigen stücke anzugeben, welche hier als Rosenplütisch zitiert werden.

Von den Fspn, welche durch tradition und durch zeugnis der hs Cgm 714. bl. 3ᵇ dem Sneperer zugewiesen werden (vgl.

Keller Fsp. 1082. Wendeler de preamb. s. 28—29. Wendeler stud. II 19), — innere gründe setzen Rosenplüts autorschaft aufser zweifel — findet man hier angeführt:

st 16 Ein spil wie frauen ein kleinot aufwurfen, st 86 Vom heiraten spil, st 94 Di vasnacht von der müllnerin, st 96 Ein vasnnachtspil von den siben meistern, st. 88 Des baurn flaischgaden vasnacht, st 87 Die frauenschender vasnacht, st 80 Das vasnachtspil mit der kron, st 45 Gar ain hupsches vastnachtspill von sibenzechen pauren, wie sich ieclicher lobt, st 104 Di karg baurnhochzeit, st 98 Die vier erzt vasnacht, st 100 Des künig von Engellant hochzeit, st 82 Das vasnachtspil vom arzt mit den zwelf paurn, st 84 Das actum vasnacht, st 83 Der wiletzkinder vasnacht, st 90 Der blinten seu vasnacht, st 79 Des künigs auß Schnokenlant vasnacht, st 42 Hie hebt sich an ain verclagung vor dem officiall genant das korgericht, st 78 Vom babst, cardinal und von bischoffen, st 66 Vasnachtspil vom münch Berchtolt, st 71 Aschermitwoch vasnacht, vom peichten, st 41 Der jüngling, der ain weip nehmen wil, spil, st 95 Di jung rott vasnacht, st 93 Di ploben farb vasnacht, st 102 Der neu oficial, st 97 Der wittwen und tochter vasnacht, st 40 Das ist die eefrau, wie sie iren man verklagt vor hofgericht, st 99 Di harnaschvasnacht, st 39 Des Turken vasnachtspil.

Wenn ich ferner sage, dafs st 116 Die narren Rosenplütsches gut birgt, werde ich wohl keinen widerspruch finden, man vgl. nur 1011, 13 ff. mit 730, 20 ff.; als belege, wenn auch zweiter güte, lassen sich also aus diesem st. stellen anführen. K. Hofmann sprach das st. in den nachträgen zu den Fspn 1535 entschieden dem Rosenplüt ab; vgl. aber Wendeler stud. II 425 anm. 19.

Sodann werden einige stücke zitiert, die ich vorher durch meist wörtliche übereinstimmung mit stellen aus Rosenplütschen sprüchen als Rosenplütisch erweisen mufs. Drei der hier in frage kommenden st: 19, 108, 109 sind in D überliefert, einer hs, in welcher dichterisches gut, das sicher mit Rosenplüt nichts zu thun hat, schwer nachzuweisen ist.[1])

---

[1]) Kellers behauptung nämlich: die 9 weingrüfse und weinsegen in fraktur am ende der hs rührten auf keinen fall von Rosenplüt her, geht

st 19: Aber ein hubsch vasnachtspil von zweien eleuten.
167, 15—18:
> „Ein eeman, der sein futer außtregt
> Und das für fremd pübin darlegt,
> Der bringt seinem weib heim die spreuen,
> So muß sie die vraßen keuen."

(hs W „sie dann sein vressen") entspricht „eefrawen" v. 99 ff.

> „Und wenn sie in mit truber neig
> 100 Den durst gelescht die snöd die veig
> So schickt sie mir in erst heim in das hauß
> So treuft er als ein beregente mauß
> Und ist an allen freuden erloschen
> Und hat dann unden gar auß gedroschen
> 105 Und bringt mir dann erst heim die spreuen,
> So muß ich dann sein vießen keuen."

E „vressen"; vgl. st 102. 771, 8—9:
> „Nu kümpt er und wil mir geben di spreuen
> Und meint, ich sol sein vrasen keuen"

für „vrasen" bietet die von Keller hier nicht benutzte hs E bl. 344ᵇ „vressen". vgl. st 40. 307, 23—24:
> „Und bringet ir erst heim die spreuen
> Und lest sie an den vraßen keuen."

Ebenso ist st 108: „Ein vasnnachtspil, wie drei in ein hause entrunnen" wegen vieler kleinerer und besonders dieser übereinstimmung als Rosenplütisch anzusprechen:
852, 30—31:
> „Hor, mein gesell, sie ist mein bas.
> 25 Do ich gestern bei ir was,
> Sie clagt mir, du liefest des nachts auß,
> Und kumpst vor mitternacht nimmer in das hauß
> Und sleichest zu den winckelsecken naschen,
> Dieselben leren dir dein taschen,
> 30 Und kumst dann heim und bringest ir die spreuen,
> Und meinst, sie sulle die vreißen keuen.

zu weit; „Gott gesegne dich lieber eydgesell" bl. 416ᵃ ist von einzelnen abweichungen abgesehen ganz gleich dem auf s. 287 stehenden segen, als dessen verfasser Rosenplüt doch angesprochen wird.

> Dorumb so ist nicht anders daran,
> Wann wir mußen versuchen, was ieder kan."

Zu v. 29 ist noch zu vergleichen „oefrawen" v. 114:
> „Wenn er ir oben im pusen steckt
> Und ir umb das maul get lecken und naschen
> 114 Die weil so raumpt sie im unten die taschen."

Die oben schon mit angeführten verse 103—104 der Rosenplütschen erzählung finden wiederverwendung im

st 59: „Ein spil von junkfraun und gesellen" 521. 32—33:
> „Wann ich an freuden bin verloschen
> Und han uber all auß gedroschen."

vgl. spruch von ainem palbirer 431, 3—4:
> „Sy sprach: maister ir seind erloschen,
> Eur flegel der hatt auß getroschen."

vgl. Fsp. st 90. 720, 20—21:
> „Und das ist alles an mir derloschen
> Und han auch überal auß getroschen."

vgl. Fsp. Troya 223,4 (Schnorrs archiv III 12):
> „aber ein alt man, der nwe wer erloschen
> vnd in alter wer worden verdrossen."

st 17. Auch folgende übereinstimmung dürfte nicht zufällig sein:

Spruch „Das alles in der Pelt gut gehet"
E bl. 410ᵃ vgl. Wendeler stud. II A 20:
> „Ich söllt von hübscher abenteür
> Sagen, darzu dorft ich wol steür"

mit st 17: „Ein spil von fursten und herren" 146, 12—14:
> „Wir haben euch zu fragen mer
> Und haben hie ein abenteur;
> Darzu dorft wir eur hilf und steur."

st 5. Wenn die verstechnik des st 5 „Ein ander spil von den pauren" wie die tradition dieses dem Rosenplüt zuweist, so findet sich im stücke selbst nichts, was diese annahme irgendwie unsicher machen könnte.

st 109. Auch st 109 nehme ich als Rosenplütisch an. im einzelnen stimmen u. a.: 858, 1—2:

„So wil ich lieber schimpfen und schallen,
Dann solt ich ein hohen stiegen ab fallen"

mit st 45. 345, 6—7:

Und kan also mit ire schimpfen und schallen,
Das sie mich laßen zwischen ire knie fallen" vgl.
„Ich fragte ein frawen was sie konde"

D bl. 407$^b$ v. 3—4:

„So welt sie mit mir schimpfen und schallen
Das ich ir zwischen die pein müst fallen."

Ferner 857, 29:

„Wenn ich hab die feulen in henden und fußen"

entspricht st 116. 1011, 18:

„Der sibend hat die feuln inn henden."

Sodann 859, 13—14:

„Herr der wirt, ich heiß der Molkenslauch
Und hab gar ein hungerigen pauch"

entspricht st 66. 576, 23—24:

„Ich haiß Hans Schlauch
Und darf alle tag in meinem pauch
Vier kelber und ain rint" (Keller.)

860, 5: „Hort, ir herren, es wil sich machen."

entspricht kündt petthoff K. erz. 178, 18:

„Gedacht ich wol: es will sich machen"

vgl. meisterliche predig 30.

Von den sprüchen, bei denen Rosenplüts autorschaft nicht feststeht, wird unten die meisterliche predig zitiert werden. Diese ist zwar nicht durch die theognideische σφρηγίς am schluß als Rosenplütisch bezeugt, nichtsdestoweniger ist an Rosenplüts verfasserschaft, wenn er auch nur umarbeiter war, nicht zu zweifeln. Will Nopitsch 7, 312. Schletter Serapeum 1841, 355. Keller Fsp. 1157 neigen dieser ansicht zu. Hier können folgende belege angeführt werden:

predig 30:

„Und wil nit gedenken es wirt sich machen" =

K. erz. 178, 18:

„Gedacht ich wol: es will sich machen."

predig 62:
>„Und darnach in den seutumpfel trug" =
Fsp. 706, 33:
>„Das man in auf einer stangen seutümpfel trag."

(st 87 frauenschender.)
>predig 105—106:
>„Und auch die ayer di da bei glunkern
>Also solt man straffen solch junckern" =
Fsp. 707, 26—27 (st 87 frsch.):
>„Und auch die eir (abhauen), die da pei gelunkern
>Also sol man strafen ainn solchen junkern."
>predig 147:
>„Dar nach sie die feulen in den henden gewint" =
Fsp. 857, 29:
>„Wann ich hab die feulen in henden und fußen."
>Der Schluſs 158—60:
>„Wurd mir das trinckfaß in mein hend
>Ich wolt ein iunckfrauzuglein sauffen
>Das mir bede augen musten vborlauffen"

kommt auch sonst in stücken vor, bei denen an Rosenplüts verfasserschaft zu denken ist, beim maler zu Würzburg und Fsp. st 28. 240, 15—16.
>Zu predig 23—28:
>„Nu wil ich euch melden die weinschleuch
>Die dort sitzen vnd fullen ir peuch
>Und schreien vnd sauffen vnd leben im sawß
>Und haben des morgens kein prot im hawß
>Und was im weib vnd kind kan ersparn
>Das lest er als durch die plosen farn"

vgl. eefrawen 11—16:
>„Sie sprach: jch habe den grosten weinslauch
>Wenn ich daheym die claen sawg
>So sitzt er dort vnd fullet seinen kragen
>Und lest mich vnter die juden tragen
>Mentel Rock kandel vnd schußel
>Dasselb vert alles durich seinen drußel."
>23 „Damit jch jm sein blasen fult."
>27 „Dauon jm wurt vol werde sein blasen."

Zunächst die übereinstimmung von stellen in Rosenplütschen sprüchen und priameln.

Sechs ärzte 89—91:
„Der vierd artzt der dy sel ertzneyt
Das ist der auff der canczel außschreyt
Die heiligen cristenlichen regel" vgl. mit B bl. 156ᵃ:
„Und ein prediger der auff der kanzel außschreit
Warumb uns got sein himelreich geit."

Müßiggener 9—10:
„Das offt der sweiß muß von inn rinnen"
vgl. mit B bl. 163ᵇ:
„Das offt der sweiß wirt von yn rynnen."

Predig 35—36:
„Und spricht hestu fast gearbeit vnd messig getzert
So heten wir unß gar sanfft ernert"
vgl. mit B bl. 178ᵇ:
„Wolt er vast arbeiten und meßiglich zeren
So würd er sich mit dem hantwerk gar sanfft neren."

Wochen 11:
„Vnd aller mertler plut vorgiessen"
vgl. mit B bl. 181ᵇ:
„Vnd aller marterer plut vergissen."

Predig 107:
„Nu wil ich euch melden die in der kirchen swatzen
Und die leut hinten vnd vorn beschatzen
Und lassen nymer kein frauen furgan
Sie schlahen ir ein plech an"
vgl. mit pr. XXI 1—3 und Fsp. 231, 11—18.

Beicht 29:
„So schleyff vnd wetz auß all dein scharten"
vgl. mit B bl. 182ᵃ:
„Und al sein scharten außschleiffen und wetzen."

Ärzte 174—175:
„Auß gantzem leib auß füssen auß henden
Wa ward ye gesehn ain mörtlicher pfenden"
vgl. mit B bl. 184ᵇ:
„Mit dürckeln fussen mit lochereten henden
Wo gesah ye aug ein swerlicher pfenden."

Ärzte 179:
> „Da floß das heilsam honigsawm" vgl. mit B bl. 183ᵇ:
> „Das got sein honigsamen auß schenket." und
> „O werlt du heißest" (Goedeke § 94, 26)

nach eigener abschrift:
v. 51 „Der alles sein plut fur dich außschenckt."
Ärzte 210:
> „Mit rehter rew mit warer pus"

vgl. mit B bl. 182ᵇ:
> „Mit rehter rew mit warer peicht."

Beicht 109—110:
> „Den heyling cristenlichen glawben
> Dauon da scholtu nichtz nit rawben"

vgl. mit B bl. 186ᵇ:
> „Das erst das er zwelff stuck cristenlichs glauben
> Gantz glaub und nichtz dauon thu rawben."

Müßiggener 76:
> „Vnd alle mude fußtrit jn wallen"

vgl. mit B bl. 181ᵇ:
> „Und all fußtrit die ye wurden getreten
> Zu kirchganck oder auff heiligen (wall) wegen."

Predig 83—84:
> „Und meint sie hab gut nuß gepissen
> So weiß sie nit daß sie der teuffel hat beschissen"

vgl. mit B bl. 177ᵃ:
> „Und erst an einer mucken wölt anpeissen
> Die wolt der tewfel erst wol bescheissen."

vgl. Fsp. 702, 23.

Predig 147:
> „Darnach sie die feulen in den henden gewint"

vgl. mit B bl. 178ᵃ:
> „Und dartzu die feulen yn den henden hat."

vgl. oben s. 26.

Die tint 45—46:
> „Wann er so trewlich hat geerbet
> Imm graben da man dy lewt ynn machtt"

vgl. mit B bl. 174ᵃ:
> „Vnd nympt die arbeit ym nacht graben."

Spruch von Nürnberg v. 60 ff. (Lochner):
> „Junckfrawen ... der eltern mit ern her sein kumen
> vnd an ir narung ab haben genumen"

vgl. mit B bl. 164ᵇ:
> „Und her ist komen mit grosser hab
> Und an seinen eren nympt ab."

Aus eignen auszügen und abschriften ungedruckter Rosenplütscher sprüche zitiere ich:

Fünfzehn klagen nach E bl. 303ᵃ ᵇ:
> „Der schuldiger clagt auch vbern Richter
> Der sei jm nicht ein guter schlichter
> Drey ding stossen gegen mir vmb
> Das er aus schlecht jm mach ein krum
> Gunst freund vnd gab sein hertz zu schüczen
> Wann jn der arm vor recht sol nüczen
> Und er jm wol hülff treulich hinüber
> So stürczt er jm ein hütlein darüber
> Wiewol der arm das recht auch erkent
> Mit hübschen worten er jms verquent
> Vnd wirt gen jm so tieff ein waten
> Das er die loyca muß abplaten"

vgl. mit B bl. 157ᵇ:
> „Wann yn der loyca angel wurd stechen ...
> Wann man eim armen das recht verquent
> Und ym ein hüttlein für die augen went ...
> Und das recht lieber hat dann frewnt oder hab"

und B bl. 157ᵇ (aus „Ein sunder der in sein sunden verzagt"):
> „Und ein ritter (l. richter) der dem armen das recht
>                                                    verkürzt
> Und ym ein hüttlein daruber stürzt."

Von unnser frawen schon D s. 159:
> „dorynnen jr alle engel lachen vnd smutzen"

vgl. mit B bl. 182ᵇ:
> „Des selben all engel dort lachen und smutzen."

Ebenda s. 163:
> „Lasse fließen here deiner gnaden lachen
> Das wir von sunden werden gepadt
> Als goldt von vierundtzweintzig karath
> Sich lauter jn dem fewer zyment"

vgl. mit B bl. 182ᵃ:
"Daryon die sel wirt also gepat
Als golt die (l. von) vierundzweintzig karatt
Sich lauter tziment yn fewers gratt."
Predig 27—28:
"Und was in weib und kind kan ersparn
Das lest er als durch die plosen farn"
und eefrauen D s. 402:
"Wenn ich daheym die claen sawg
So sitzt er dort vnd fullet seinen kragen
Vnd lest mich vnter die juden tragen
Mentel Rock kandel vnd schußel
Dasselb vert alles durch seinen drußel"
vgl. mit B bl. 178ᵃ:
"Und meint er wöll an yn ersparn
Das ym durch die plosen ist gefarn."
Eefrauen D bl. 403ᵃ:
"Vnd lest mich doheymen wasser laffen"
vgl. mit B bl. 179ᵃ:
"Vnd ob der arbeit ein wasser laffet."
Aus Rosenplüts Fspn führe ich folgende mit priamoln übereinstimmende stellen an: Fsp. 143, 12—15:
"Ir wolt in fremden wiesen grasen
Man solt euch stellen als ein hasen,
Und das man euch fieng in der matten
Und euch schier einen narron platten"
vgl. mit B bl. 158ᵇ:
"So soll man den sun straffen auff der matten
Und sol dem layen schern ein narren platten."
Fsp. 163, 15—18:
"Dann einer, der ein frumes weip hat
Und der wil hueten fru und spat,
Furcht sie got nicht und ires mannes zorn,
So ist alle hut an ir verlorn" vgl. mit B bl. 161ᵃ:
"Aber einer der ein junge gailß weib hat
Und derselben hutten wil fru und spat,
Die hut ist ganz und gar verlorn
Forcht sie nit got daran und irs mannes zorn."

Fsp. 54, 16—17:
"Ich schatz, du seist dein freunten als genem,
Als wenn ein sau in die Judenschul kem"
vgl. mit B bl. 158ᵃ:
"Die werck sein got als lib und als genem
Als ein beschorne saw yn ein judenschul kem."
Fsp. 55, 2:
"Sinde pede geschwistret kint mit uns peiden"
vgl. mit B bl. 168ᵃ:
"Die sein al geswistret kint."
Fsp. 152, 132—133:
"So muß mir ein ander zu der kerben warten"
vgl. mit pr XXIV 10.
Fsp. 140, 25—26:
"Und kond auß kuedreck machen golt;
Kundt ir mich leren solche kunst"
vgl. mit B bl. 178ᵇ:
"Und smer kunt machen aus kukot."
Fsp. 234, 19—20:
"Wenn sie gar lang zu tisch und pett
Kein gutlich wort nie mit mir rett"
vgl. mit B bl. 170ᵃ:
"Und selten gutlich mit ir rett
Und sie vorschmecht zu tisch und zu pett."
Fsp. 165, 23—24:
"Die ist ir oren ein treue hirtin
Und huetet wol zu unden und oben"
vgl. mit B bl. 161ᵃ (derselben priamel):
"Der darff das er untten und oben wert."
Fsp. 710, 8—9:
"Der einem geet zu seinem weib naschen
Und spilt mit ir in der untern taschen"
vgl. mit B bl. 170ᵃ (derselben pr.):
"Und außwendig zu andern weibern get naschen
Und spilt mit yn jn der unttern taschen."
vgl. auch eefrauen D bl. 404. E bl. 17ᵃ:
"Vnd jr vmb das maul get lecken und naschen
Die weyl so rawmpt sie jm vnten die taschen."

Fsp. 729, 10—11:
„Und greifen gern an die milchflaschen
Und spiln mit in in der untern taschen."
756, 3: „Und mit ir spiln in der taschen."
vgl. spruch von einem varnden schuler.
Fsp. 1172, 13:
„Und mit ir spilen in der taschen."
Fsp. 309, 22—23:
„Der keine in mit lieb anlangt,
Denn auf die seiten, da die tasch an hangt"
vgl. mit B bl. 161[b]:
„Und poß weib die mit lieb newer langen
Auff die seiten da die taschen an hangen."
Zu v. 7 derselben pr.:
„Und spil dapey man schilt und swert"
vgl. Fsp. 770, 17—18:
„So sitzt er dort peim gesellen und spilt
So sitz ich denn und fluch und schilt"
und zu v. 3—4 derselben pr.:
„Und trunckenheit davon man swacht
Die offt ein man zum narren macht"
vgl. Fsp. 855, 16—17:
„Und sol sich vor großen truncken huten
Die machen manchen offt zu narren."
Zu B bl. 19[b]:
„Welich man an frewden ist erloschen
Und unten gar hat auß getroschen"
sind oben s. 23 f. fünf parallelstellen angeführt.
Zu den beiden letzten versen derselben pr.:
„Die unter dem gürtel ist hungrig und geitig
Dem seind die kiffarbeit (L erbeß) über jar zeitig"
vgl. Fsp. 317, 11—13:
„Nimpt er ein weip zuo der ee,
Die under der gürtel wer hungrig und geitig,
Dem wurden keiferbis über jar zeitig"
sowie Fsp. 346, 16—18:
„Ir ding ist hungerig als deß wolfs magen,
So hat mir der schaur in die pruch geslagen

> Also hungerig ist sie und so geitig
> Das mir die kifarbeis alle nacht sein zeitig."

vgl. Fsp. 732, 10—13. 701, 27—28. 772, 7. 853, 11. Keller schw. s. 15. Fsp. 1082.

Zu B bl. 170ᵃ:
> "Welich fraw da gern am ruck leit
> So man yn (l. yr) etwas yn den pewtel geit
> Und ir gern lest yn den pusen tasten
> Und gern tanzt und nit mag vasten
> Und des morgens gar kaum auffdent
> Und albeg sich an guten wein hat gewent
> Und nye kein mangel hat gewunnen
> Die frau taug gar übel zu einer nunnen."

vgl. (Keller Fsp. 1082. 1336) Fsp. 520, 30 ff.:
> "Nu hort mich auch mit meinen sachen!
> Man wolt ein nunlein auß mir machen,
> So bin ich gar ein stolze diern
> Und iß gar gern gepraten piern.
> Des morgens mag ich nit lang fasten
> Und laß mich gern die knaben an tasten.
> So trinck ich lieber wein, dann prunnen,
> Darumb taug ich zu keiner nunnen."

vgl. Fsp. 737, 17—25. 729, 5—13.

Fsp. 623, 1—2:
> "Und thut sam ir frum und guistlich seit,
> So schlieft ir in die haimlichen winkel"

vgl. mit B bl. 175ᵃ:
> "Und lieber yn heimlich winckel sluff"

von einem "schreiber" gesagt. vgl. Fsp. 1008, 22—23.

Fsp. 646, 2—3:
> "Darumb ain herr zu loben ist,
> Der frid den seinn macht zu aller frist"

vgl. mit B bl. 157ᵃ:
> "Und ein herr der frid schickt (andere hsu: macht)
> uber jar
> Und das an treibt piß auf die par
> Den allen wil got mit nicht verzeihen
> Er wil yn sein genad an yrem letzten end verleihen."

Fsp. 649, 26:
„Das ir euch vil rümpt von frauen" und 649, 28:
„Seit das ir euch vil von frauen rümpt"
vgl. mit B bl. 171[b]:
„Welich man sich vil rumpt von frawen."
Fsp. 702, 20—23:
„Do gedacht ich: Wenn du ain solchs test,
So du als lang gefast hest,
Und erst an einer mucken an peißen,
So wolt der teufel dich wol pescheißen"
vgl. mit B bl. 177[b]:
„Eine frome fraw an eren steet
Und die gar lang gevastet het
Und erst an einer mucken wölt anpeissen
Den (andre hs: die) wolt der tewfel erst wol bescheissen."
vgl. oben s. 28.
Fsp. 719, 22—23:
„Als pfeifen, harpfen und lauten schlagen
Und enge schühlein antragen"
vgl. mit pr. XXIV 1—2, und Fsp. 152, 23—152, 1. Renner 226 ff.
Fsp. 720, 16—17:
„Tanzen, stechen und spatiern
Und des nachts auf der gassen hofiern"
und 690, 9—10:
„Der wil ich allzeit schön hofiern
Mit stechen, tanzen und turniern"
vgl. mit pr. XXIV 7—8.
Fsp. 853, 18—20:
„Dann wen man laden wirt und pannen,
Auf den so regent groß unheil,
Wenn er den pfaffen wirt zu teil"
vgl. mit B bl. 161[a]:
„Und den pfaffen zu teil wirt mit yrem pannen."
Fsp. 1010, 24—25:
„Und ward davon fantasiren.
Da mit da swecht ich mein hiern"
vgl. mit C bl. 187[a] (das stück fehlt in B):
„Und darumb swechen sein hirn."

Fsp. 752, 25—26:
"Das er müst schlafen auf einer misten,
Bis im die meus in den hintern würden nisten"
vgl. mit B bl. 162$^b$:
"Und als lang schlieff auff einer misten
Piß ym die meuß ym hintern würden nisten."

Keller schlofs Fsp. 1082 von dem vorkommen einer auch selbständigen priamel in einem Fsp. auf Rosenplüts autorschaft für das betreffende spiel. Sicherer scheint es, wegen des vorkommens einer selbständig überlieferten priamel in einem unzweifelhaft Rosenplütschen stücke auch auf die pr. die verfasserschaft Rosenplüts auszudehnen. Für Keller nämlich war die frage nach den verfassern der einzelnen pr. eine ungelöste. vgl. Fsp. 1161. 1273, wo er meint, "die urheberschaft der einzelnen priameln zu ermitteln, möchte noch weit schwieriger sein, als die der xenien von Göthe und Schiller".

Wenn aus nr 84, dem Rosenplütschen actum vasnacht, die verse 695, 4—11:
"Wann ain vasnacht on freuden
Und ain meßer on ain schaiden
Und ain münch on ain kutten
Und ain jungfrau on dutten
Und ain junger, der nit mag nollen
Und ain altß schof on wollen
Und ain stecher on ain pfert,
Die dink sint alle nit ains kots wert."

(vgl. E bl. 380$^b$ f.) mit schw. nr 6 verglichen werden, so erkennen wir in der pr. Rosenplütsches gut; da diese pr. aber in den älteren hsn nicht vorkommt, sondern nur in der Stuttgarter von 1520, so ist es möglich, daſs sie aus dem zusammenhang des Fps. erst später herausgelöst ist. Die pr. vertreten im drama des 15. jhs auch die stelle der allgemeinplätze des modernen dramas und fordern den excerpirer heraus.

Ferner stimmen Fsp. 708, 10—17:
"Wann ain frölich vasnacht und schimpfig leut
Und schamper pfeifer und glimpfig preut
Und ain reicher kaufman und ain gut gewerb
Und ain pader und ain schimlige arskerb

>     Und ain genger leufel und ain ebner wek
>     Und ain hungrige sau und ain warmer drek
>     Und saugente kint und melkent ammen
>     Die dink fügen alle wol zu sammen"

mit B bl. 166ᵇ:

> „Und ein schneller lauffer (andre: leufel) und ein
>     ebner weck
> Und ein hungrige saw und ein warmer treg
> Und sewgende kint und melkende ammen
> Die dinck fugen gar wol zusammen."

Auch diese pr. wird hiermit als wenigstens zum teil Rosenplütisch erwiesen.

Ebenso weicht Fsp. 713, 25—714, 5:

> „Wann ain vasnacht und ain fröligkait
> Und ain schöne frau und ain hübsch clait
> Und ain pfaff und ain puch
> Und ain arsloch und ain pruch
> Und ain acker und ain pflug
> Und ain wasser und ain krug
> Und ain esel und ain mülner
> Und ain weinschenk und ain füller
> Und durstig leut und guter wein
> Die dink süln allweg pei ainander sein"

nur wenig von einer B bl. 168ᵃ überlieferten pr. ab (erweitert in Keller schw. nr 11). Die priamel kann entweder aus dem Fsp. gezogen, oder bereits fertig als schluſs des Fsps. angewendet sein. Letzteres wird dadurch wahrscheinlich, daſs dieser schluſs auch sonst wiederkehrt: 734, 16—35 = 745, 12—29. 168, 3—30 = 312, 28—313, 7.

Der sprachgebrauch, der in den priameln der ersten 4 hsn zu beobachten, deckt sich mit dem Rosenplütschen; häufig finden sich direkte anklänge. Hervorzuheben sind folgende:

Fsp. 236, 16—17:

> „Er eifert, meult sich, zannt und greint,
> Sie wirt im abholt, so ist er ir feint"

und eefrawen D bl. 404ᵇ. E bl. 17ᵇ:

> „Das ich den dingen bin worden veint
> Es hilfft nicht das man zant vnd greynt"

vgl. mit B bl. 170ᵃ:
„Welich man seim elichen weib ist feindt
Und albeg mit ir zant und greindt."
Fsp. 857, 27:
„So slaf ich gern lang auf den tag"
vgl. mit B bl. 178ᵃ:
„Und der des morgens lang auff den tag leit."
vgl. Fsp. 700, 13—14.
Fsp. 857, 28:
„So fleuhe ich gern groß erbeit wo ich mag"
vgl. mit B bl. 173ᵃ:
„Und ein sun der groß arbeit fleucht."
Spruch von Nürnberg 81. 82:
„Daz sie grose gemein regieren
Daz sie gleich mit in Concordiren"
vgl. mit B bl. 156ᵃ:
„Secht wo die dinck all gleich concordirn."
ebenda v. 346:
„Noohred ist jar ein versalczene speis"
vgl. mit B bl. 181ᵃ:
„ist sünd ein versaltzene kost."
Vnser frawen wappenrede D. s. 138:
„Das er sey vnnser sele grißwartter"
vgl. mit B bl. 183ᵇ:
„Vnd ist seiner sel ein ungetrewer grisswartter."
Vnnser frawen schon D s. 152:
„aller gnaden kocken" vgl. mit B bl. 182ᵃ:
„yn seiner genaden kocken."
Zu pr. XXXVIII—XLI vgl. O werlt D s. 405ᵃ:
„Selig ist der da behelt sein huld."
„Selig ist der, der nicht auß ordenung tritt"
sowie die Weingrüße, altd. blätter 1, 401.

Rosenplüts fantastische, kräftig barocke vorstellungsart deren anschaulichkeit, sinnlichkeit und realistik mit einem leisen humoristischen anflug von verschrobenheit den leser oft überrascht, finden wir auch in den besagten priameln wieder. Folgendes ist mir zur hand: Zu B bl. 174ᵃ „Ich vind yn meiner synnen teich" und B bl. 180ᵇ: „Des ewig gruntloß frewdenteich" vgl. Das fruchtpar lobe D s. 38 und 42: „meins hertzen teych" und Wochen 29: „In deines ynnern herczen nest." Vom priester vnd der frauen D s. 30: „Wann jr seit gotes kanczler Vnd schift hin auf der gotheit weier." vgl. s. 35: „auß der heiligen gotheit weier." Zu B bl. 180$^b$: „Und kein pöser geist geschaffen wer worden Die allen seln nochsleichen zu ermorden" vgl. sechs ärzte 193—194: „die hellisch lüchs, Die all mynuten auff uns lawssen." beicht 5—6. 10. 30. 160. 164. müßiggener 20. 28. 30. 62. 81. 93 f. 127. 147. 182. wochen 24. 29. 92. 124. 128. 142. Aus ungedruckten werken schreibe ich aus: O werlt 10 „Dir sleichen nach dy hellischen katzen." 28 „Vor dem alles hellisch vntziber hin weicht." 66 „Dich zawmen auch dy hellischen schintfessel Vnd Reyten dein sele jn ewiges sochen." 144 „So trabet denn zu der hellisch zelter." vgl. B bl. 181$^a$: „Das fünfft das all hellisch feint zutraben." O werlt 188 „Wiltu entpflihen allen hellischen rewtern" 204 „So entlawffen wir allen hellischen hunden." Ins ungemessne liefsen sich die beispiele mehren. Zu B bl. 182$^a$:

„So ist peicht der allerpest deydingsmann,
So man ym himel und auff erden finden kann"

vgl. eefrawen D bl. 405$^a$:

„Darumb so kan ich vnns nicht peß geleren
Dann wir alle vnns zu got sollen keren
Derselb lest leychtiglich mit jm teydingen."

Zu pr. I 16, X 14 vgl. O werlt 15:
„O werlt du grausamliches thal
„Wie eitel kupferein ist dein zal" und

v. 45 „O werlt du vngehewrer walt
Wie vbel wirt dein got betzalt."

131 „Also ist dy werlt by dein betzalen"

141 „Du zalst offt vor gericht mit gabeln
Wann du jn todes garnen wirst zabeln
So mustu betzaln alle dein gelter
So trabet denn zu der hellisch zelter
Den mustu betzaln bey scheynender sunnen."

Zu B bl. 180$^b$:
„Wann das alles wer ein pleyens stuck"

vgl. Vnnser frawen schon D s. 153:
„mach gering aller sunden pley."
Zu pr. XLI 2 vgl. Fsp. 712, 20:
„Denn er sie selber hat geeicht"
vgl. beicht 130:
„Do mit dein sol wirt also geeicht." u. s. f.

Inhaltlich decken sich Rosenplüts geistliche sprüche mit den geistlichen priameln vollständig. vgl. Wendeler a. a. o. Zu pr. XLV—XLVII ist zu vergleichen sechs ärzte Fsp. 1084—1085, wo auch wörtliche anklänge sich finden. Pr. III ist geradezu der verkürzte collender zu Nürnberg Fsp. III 1103. Oft erscheinen die pr. als abfall bei der dichterischen produktion.

Da also an dem Rosenplütschen ursprunge der priameln in A B C D nicht zu zweifeln ist, erhebt sich nunmehr die frage: rührt die sammlung der stücke von dem dichter selbst her?

Keine der vorhandenen hsn enthält einen bestand, der in seiner gesamtheit als kanonisch gelten konnte und gegolten hat. Ein gewisser kanon aber wird, wie oben schon bemerkt, durch die bestimmte folge von priamelreihen vorausgesetzt. Ob nun Rosenplüt selbst nur einzelne priamelreihen veröffentlichte, diese aber von andern zu gröſseren sammlungen vereinigt wurden, oder ob er selbst umfassendere sammlungen seiner priameln veranstaltete, zur entscheidung dieser fragen fehlt material. Hurrer benutzte für E kleinere sammlungen, oft mag er aus mündlicher, stark von A B C D abweichender, aber guter überlieferung geschöpft haben. Kam ihm nachher noch ein besserer text in die hand, so trug er diesen nach. So giebt er von mehreren priameln zwei texte.

Die neuen aus F G aufgenommenen stücke stechen, abgesehen von pr. LIV, LXXX und noch einigen, gegen die stücke von A B C D scharf ab. Im ganzen sind sie viel umfangreicher, oft bis über 40 verse ausgedehnt. Der wechsel von einsilbiger hebung und einsilbiger senkung wird mehr angestrebt, meist ist er mit verletzung der wortbetonung durchgeführt. In der komposition der priamel erkennen wir teils einen fortschritt, teils schon starke rückschritte; einen fortschritt, insofern die priamelform durch kontaminierung ihrer schemata reicher aus- und durchgebildet wird vgl. pr. LXIV; rückschritte aber in der verwässerung und verwischung der strengeren priamelformen vgl. pr. LXXXII: die kontinuität der spannung wird durchbrochen vgl. pr. LXVIII 9. 12., die wirkung des abschlusses durch lähmende zusätze geschwächt vgl. pr. LXV, ein fremdartiges episches element wird hineingetragen vgl. pr. LII und besonders die geistlichen, ein monotones motiv der aufzählung mehrerer stücke, teile, wirkungen u. s. f. eines ganzen bis zum überdruſs verwandt vgl. pr. LXX—LXXVIII und die geistlichen. Andrerseits sind manche prn. einfach aus älteren werken übernommen und nur neu aufgearbeitet wie pr. XCVII aus Renner 11714 ff.; näheres im kommentar. An ursprünglichkeit und kraft des ausdrucks werden diese stücke von den Rosenplütschen übertroffen. Der inhalt berührt sich mit den anschauungen der mystiker vgl. pr. XCIII und den ganzen letzten teil von G. In einigen stücken (vgl. pr. LVII. LIX) tritt eine rohheit zu tage, die den schmutz um seiner selbst willen sucht.

Was die verfasser dieser stücke anlangt, so sind wir durch pr. LXXVII 14 und die bekannte überschrift in G „Hie heben sich an gar lustig vnd kurtzweylig priamell geystlich vnd weltlich von etwen vill maystern tichtern die die hernach geschriben priamel getichet vnd ymaginirt haben als der schneprer freydanck palbirer etc. vnd ander meyster mer die man hernach in den getichten woll geschriben findt vnd heben sich an zum ersten XIX priamel Geystlich Schneprers gedichtt etc." im ganzen auf Folz angewiesen.

Untersuchen wir die überschrift näher.

Mit den worten „von etwen vill maystern tichtern ... vnd ander meyster mer die man hernach in den getichten woll geschriben findt" wird wohl kein neuer uns unbekannter priameldichter bezeichnet. Denn „hernach in den getichten" findet man dichternamen nicht; der auch sonst unkundige schreiber wird aber wohl die denksprüche nach kirchenvätern und andern schriftstellern, welche zwischen den priameln und kalenderversen stehen, als von den betreffenden kirchenvätern und schriftstellern verfaſst angesehen haben, wozu ihn die einkleidung solcher verse „Meyster eckhart spricht eins todes sterben", „Ein weyser hoher meyster spricht," verleiten konnte. Mit dem namen „freydanck" ist natürlich nichts anzufangen, der schneperer erledigt. Es bleibt Folz.

Auf ihn paſst alles von der art dieser priameln vorhin gesagte. Das oben erwähnte priamelmotiv von der aufzählung gewisser stücke scheint ihm eigentümlich; es findet sich in der einzigen mit seinem namen versehenen priamel LXXVII. Das prügeln der frau (vgl. pr. LVII) scheint Folzens specificum. s. Fsp. st. 7., von einem köler, der pös rauch u. a. Von parallelen aus Folzischen stücken sind mir aufgefallen: zu pr. LXI vgl. Fsp. 284, 31 ff.:

„O frau, waß fechtens und was ringen,
Reunens, stechens, danzen, springen,
Trumetten, pfeifen, lautenschlagen,
Der kirchweich kaufen, singen, sagen
Ich hab umb ein geübet stet,
Die einen an einr zechen hett
Vil lieber, dan mich ganz und gar."

Zu pr. LIX 7 vgl. Fsp. 74, 3 „mein nas mit schwarzen putzen." — 74, 19 „Und wisch ich stet den ars ans hembt" vgl. mit LIX 9.

Der „sack" (vgl. pr. LXII 18. LX 7.) scheint Folzisch. So Fsp. 340, 20 „So kan ich doch vom sack nit lan." Bei Rosenplüt habe ich das wort in dieser verwendung nicht gefunden.

Eine ähnliche parenthese wie pr. LXVIII 16 findet sich in „Von einem köler" Fsp. 1245 g. e.:

„Schnell bey dem hor nam er sie do
Warff sie vom panck rab auff dye erd
Kneürt sie zum grind noch allem werd
Daß sie vmb trendelt wie eyn topf
Got geb eß treff ars oder kopf
Vnd sprach."

Eingehenderes wird sich über die verfasser sowie die andern fragen erst sagen lassen, wenn alle priameln herausgegeben sind.

## IV. Der text.

Da die art unserer handschriftlichen überlieferung ein zurückgehen auf das autographon der dichter ausschließt, so mußte es ziel der vorliegenden ausgabe sein, einen text aufzustellen, der in der ursprünglichsten handschriftlichen sammlung des 15. jhs stehen konnte. Was das metrische gewand der Rosenplütschen und Folzischen verse anbetrifft, so reicht das von beiden gedruckte nicht dazu hin, ihre metrik zu rekonstruieren und die texte danach zu normieren. Man konnte unter zugrundelegung der besten hsn nur nach allgemeinen principien verfahren.

Die kritik hat hier meist strengste entsagung zu üben. So hat in der bei Leyser s. 22 nr 10 gedruckten priamel die hs E folgende anscheinend einzig richtige reihenfolge der verse: 7. 8. 5. 6. 9. 10:

   5 „Und gelauben hat an verworffen tag
   6 Das got sein gluck daran versag
   9 Vnd auch an schuch werffen vber das haubt
  10 Wer solcher lupperey uil glaubt",

während in den besten hsn die verse 7. 8. die konstruktion durchbrechen. Da aber Hurrer auch sonst nicht vom verdachte willkürlicher änderungen frei ist (wie er pr. XIII 6 etwas sehr realistisches durch ein anderes simile ersetzt und oft die folge der verse ändert), vor allen dingen aber wir an Rosenplüt und seine kollegen nichts weniger als einen idealmaßstab anlegen dürfen, so ergiebt sich die leidige notwendigkeit, den schlechteren text der sonst treuen hsn zu kanonisieren. Vermutlich war Hurrer gebildeter als Rosenplüt und stellte sich seine handpostille, die uns erhaltene hs E, nach seinem geschmack zusammen. Zu stärkeren mitteln muß die kritik bei der herstellung der stücke aus F G greifen. Oft ist der text hier so schwer verderbt, daß eine vollständige heilung unmöglich ist. Die orthographie des textes ist die der jedesmal besten hs; sie zu normalisieren wäre eine kritische sünde. s. Wackernell H. v. Montfort s. 10. Im einzelnen erscheint in den hsn oft, aber nicht gerade in der mehrzahl der fälle, w und v für u, u für v, y und j für i und ie; hier sind in den bezeichneten fällen u, v, i und ie durchgeführt; cz und tz werden, wie sie auch meist in den hsn kaum zu unterscheiden sind, durch tz wiedergegeben. Sonst sind nur konsonantische wucherzeichen getilgt, alles aber, was eine lautliche färbung oder veränderung andeuten konnte, ist beibehalten. Dafs die orthographie der dichter eine noch verwildertere gewesen, beweisen die aus einem eigenhändig geschriebenen bande von meistergesängen entnommenen proben von Folzens handschrift bei Keller Fsp. 1270. Aber die bessere schreibung der hsn aufzugeben und ein aus der unsinnigen orthographie von Folzens und Rosenplüts autographa hergestelltes ballhornsystem einzuführen, wäre hyperkritisch und unmöglich.

Der vorliegende apparat der lesarten ist etwas ausführlich geworden; die varianten der schlechteren hsn dienen oft weniger dazu, die besseren hsn zu ergänzen, als die textgeschichte zu illustrieren; unbedeutende abweichungen geringerer hsn sind nicht vermerkt.

## I.

Getreulich gearbeit mit allen geliden
Und das lon verspilt und mangel geliden:
Und vil gewallet on müde pein,
Die wider geruet kumen heim;
5 Und vil gepett on alle andacht,
Wenn zung und herz nit geleich zusagt;
Und vil gefastet mit guten ruppen lebern,
Die man sicht zu dem slaftrunk bewern;
Und vil gepeichtet und der puß nit halten,
10 Als dick geschicht von jungen und alten;
Und vil almusen geben von posem gut,
Als maniger rauber vnd wucherer tut:
Wer die münz got für vol wil geben
Und aier legt in einen locherten kreben,
15 Das sein zwu arbeit die geleich einerlei malen;
Got let sich nicht mit küpferein munz bezalen.

A. bl. 21ᵃ. B. bl. 158ᵃ. C. bl. 180ᵃ. F. bl. 45ᵃ Wie sich got nit lest mit poser muncz bezalen. H. bl. 111ᵇ. K. bl. 30ᵇ.
1. Trewlich F. geerbeit C. gerbet H. gelieden — gelieden C. gliden F. gelidern H. Wer g. arbeit mit den g. K. 2. Und f. C. den F. lan F. H. lone K. manig H. 3. vnd mude C. an alle m. p. F. 4. Vnd geruct kumet wider heym F. gerüt H. kommen B. 5. an F. H. alle f. K. 6. Wan F. hercz nynert zu sacht F. gleich B. K. *ebenso* 15. sagen H. 7. gevast B. C. F. H. K. gutten B. gerüten l. H. guten f. K. 8. sich. man f. K. slafftrunck B. C. webern B. C. fledern F. gewern K. Die dut man sich zu dem schlafdrunck weweren H. 9. Und f. A. F. K. offt B. gepeicht B. F. H. gehalten B. C. H. K. 10. f. in H. Also offt C. Das dick B. Also dick K. vnd von alten A. K. 11. 12 fehlen in B. 11. Und f. F. almuß C. bosen H. pössem C. posem F. gute K. 12. mancher C. K. manicher F. reuberer C. H. düt H. 13. muntz B. F. K. möntz C. munß H. gote K. fur C. H. K. gebn — krebn C. 14. Vnd nyt l.

A. H. ayr C. F. ein F. lochereten B. H. löchreten C. locheröte F. 15. sind. C. zwe erbeit H. die sich gleich miteynander maln F. einerlei f. C. maln B. Dem sein zwue arbeit gleich yn allen K. 16. Wann Got B. lest B. C. F. K. nit B. F. H. K. münz B. kuppfer montz C. küpfer müß H. pöser F. boser munz K. bezaln A. F.

## II.

Wol essen und trinken nach aller begier
Des tags drei mal oder vier;
Und kleider antragen nach allem willen,
Domit manig man sein weib muß stillen;
5 Und wenig geredt und vil poser gedenk,
Daz etlich heissen falsch judasklenk;
Und vil kirchgangs und wenig andacht,
Und warheit verswigen und lugen gesagt;
Und geistlich sein und ein pöß gewissen;
10 Und aussen schön und innen beschissen;
Und an der predig slaffen und am tanz wachen:
Wenn die dink den menschen heilig machen,
So vind man manigen, der zu himel fert,
Im hab dann got niendert kein glück beschert.

A. bl. 21ᵇ. B. bl. 158ᵇ. C. bl. 180ᵇ. F. bl. 45ᵇ Wie manicher gen himel fert (etc.). K. bl. 31ᵃ. 1. begir C. F. K. 2. tages C. F. drew B. ader F. ein mal drew oder vier K. vir F. 4. manch C. F. so mit mancher sein K. stiln F. 5. Und f. F. pöser B. pösser C. boser K. 6. etliche K. pös F. falsche K. 7. kirchganß B. kirchsgang C. kirchgeng F. winig C. 8. Und f. K. wars F. vorswigen. lügen C. lug F. 9. poß C. F. vnd haben ein boßs gew. K. 10. Und f. K. schon C. 11. Und z. a. f. F. 12. Wann B. dink f. K. selig F. 13. vindt B. C. manchen C. manichen F. gen F. 14. Es hab im den got k. gl. b. F. habe. gote K. niender tt. K. kein f. C. gelück C. gluck K.

## III.

Wer sein haus woll wöl besachen;
Der henk zu fasnacht darin ein pachen,
Und zu ostern ein zentner smalz
Und zu pfingsten ein scheiben salz,

5 Und kauf ein umb sant Jacobs tag
 Weiz und korn, ob ers an gelt vermag,
 Und umb sant Michels tag holz und koln,
 Hat er dann iendert gelt verstoln,
 So kauf er umb sant Gallen ruben und kraut,
10 Das man zu rechter zeit hat gepaut,
 Und umb sant Marteins tag ein wein,
 Und umb sant Niclas tag ein gemest swein,
 Und slach ein ochsen zu weichnachten:
 So darf er das jar wenig mer in das hauß trachten.

A. bl. 21$^b$. Von hawssorg. B. bl. 162$^b$. C. bl. 158$^b$. D. s. 305. F. bl. 38$^a$ Wie einer sein haws sol versorgen. H. bl. 112$^b$ Von der zeit. K. bl. 25$^a$. L. bl. 9$^b$. b. bl. 79$^b$ Ain ander sprüchlin. 1. Welich man B. Der K. hawse D. wil wol B. C. wöll wol D. wol wol F. wel wol H. wol wolle K. haus wil bes. L. wol wil b. 2. hoch darein z. f. e. p. B. drein F. henge. darin L. zû b. die p. K. 3. Vnd kauff darein zu ostern ein z. s. B. kaufe L. schmaltzes C. D. 4. scheuben B. C. D. F. K. eine schuben L. mit s. B. b. saltzes C. D. 5. Vnd kauff darein sein korn zu sant jacobstag Ob er das anders an gelt vermag B. Vnd kauf vmb sant Michelstag F. chauff b. kaufe korn vmbe s. Jacoffs. L. 6. Waitz korn A. C. H. v. k. ob ers vermag F. ab H. L. b. er es D. gelte L. vnd chorn. an dem b. am gelde L. 7. Vnd kauff auff Michahelich B. vmbe L. sant f. C. sad H. michaelis C. michel H. L. Michels L. Vnd käuff darnach den holcz vnd koln F. kolen — verstolen D. choln b. 8. Und hat B. Haut b. den F. dann f. b. nyndert B. vnnert F. verholn B. C. F. b. verholt L. 9. er f. B. C. D. F. K. sant f. B. gallen tag F. K. rübn. chrut — geput b. 10. Das zu rechter zeit ist worden gepawt B. hot C. D. hab paüt F. hat z. r. z. g. H. paut L. hab b. 11. Vnd kauff darein zu sant mertenstag sein wein. B. Mertein ein D. merten H. martins b. swein F. ein gemests swein K. 12. Vnd zu sant nyclastag ein veistes swein B. gesmelczt C. gemestet D. Vnd kauff jm kuchenspeys auch ein F. gemesczt schw. H. der ganze vers f. K. niclaus ein schwin b. 13. schlach B. schlag H. slaht K. ochsen darein B. schlae L. weihennachten B. C. D. K. nächten b. weinnachten F. H. 14. bedarff B. C. D. tarff b. nicht fast yn sein hawß betrachten B. jare K. mer f. K. L. b. sein h. C. H. hawse D. nit jn das haus trachten F. betrachten K. So kan er den winter wider der hungern nach der smachten L.

## IV.

Welcher man hat ein taschen gros und weit,
Do selten pfenning innen leit,
Und hefen und krüg hat, die da rinnen,
Und faul mait hat, die da ungern spinnen,
5 Und ein tochter hat, die do gern leugt,
Und ein sun hat, der all erbeit fleucht,
Und unter seim gesind ein heimlichen haußdieb,
Und ein frauen hat, die in nit hat lieb,
Die ein andern heimlich zu ir lat:
10 Der man hat gar ein pösen hausrat.

A. bl. 23$^b$. B. bl. 173$^a$. C. bl. 158$^a$. D. s. 294. F. bl. 46$^a$
Wie einr hat einen poßen haußradt. H. bl. 115$^b$. K. bl. 17$^a$
Von einem posen haußrat. L. bl. 9$^a$. *δ ε* nr 40. ζ Bvc a.
η Bccc a. i nr 41. 1. Welch F. Wer ein t. h. B. D. K. ein
t. h. D. F. H. L. hot C. 2. Da gar selten B. K. da D. gelt C.
kein pf. F. ein pf. *korr.* K. jn K. pfeninge jnne L. 3. hat f. F.
hot do C. da f. H. hafen. kruge L. 4. fil (undeutlich) m. H. faule
meyde. vngerne L. meyde D. die sich gern lassen mynnen B.
hot C. hat f. F. da f. C. D. F. K. L. die nit gern spinen F. H.
5. do f. B. F. K. L. da C. K. 6. hat f. B. sün der große
arb. L. der groß arb. B. C. K. erwet H. son hat der alle werlt
betrewgt D. 7. seinem B. C. D. gesinde hat D. gesin H. heim-
lichen f. F. 8. nicht B. D. K. die jren man F. H: *von viel
späterer hand* „Vnd ein Weib, die Andre hat lieb Vnd". 9. Und
einen B. C. D. K. heimlich f. B. C. K. L. 10. man f. L. hot C.
gar f. B. einen K. posen D. L. poßen F.

## V.

Hauß kern und windel waschen,
Und sudeln und prudeln in der aschen,
Und haußerbeit durch die wochen,
Und schussel spüln und zu essen kochen,
5 Und vil anwerden und nichtz gewinnen,
Und kue melken und gar spinnen,
Und des nachts im pet am ruck ligen:
Die erbeit ist alle auf die meid gedigen.

A. bl. 24$^a$. Von haws meyden. B. bl. 173$^b$. C. bl. 162$^a$.
D. s. 296. E. bl. 36$^a$ Sprichpörter. F. bl. 46$^a$ Was einer meid

zü stet zu thün (etc.) H. bl. 117ᵃ. K. bl. 8ᵇ Von haußarbeit.
1. keren B. C. D. K. auf raumen vnd F. windeln B. wintel
C. E. F. 2. brudeln K. Sudeln prudeln mit laug vnd aschen F.
3. arbeit B. C. E. erbet H. K. duruch D. Kern misten vnd auch
lauffen dy wochen F. 4. Und f. F. spuln B. spulen E. F. H.
spullen K. 5. anwern F. H. 6. kw B. C. D. küh E. Keß-
machen melcken v. garn sp. F. garn B. C. H. K. 7. am pet E.
bet H. am ruck ym peth F. 8. arbeit B. C. E. F. erbet H. K.
al C. E. hawß meid B. meyde D. getiegen B.

## VI.

Wer schlechtlich gelaubt der zwelf artickel
Und nichtz nit im darein lest wickel
Denn das die zwelf apostel erdachten,
Domit sie die cristenheit aufprachten,
5 Das ain got sei aller geschopffen sach,
Drivaltig in seiner gotheit wach,
Und ain ainigs wesen und ain substanz
Der zirkel pleibt ie und immer ganz,
Wer daz slecht gelaubt gelerter oder lai
10 Und nit darein tregt von gunderfai:
Der glaubt genung zu cristenlichem orden,
Darinnen alle die selig sind worden,
Die got dort ewig anplicken in freuden.
Got helf uns allen, daz wir darinn von hinnen scheiden.

A. bl. 53ᵇ. B. bl. 187ᵇ. C. bl. 169ᵇ. E. bl. 158ᵇ. G. bl. 4ᵃ.
Wie ein mensch genung glaubt zu cristenlichen orden. H. bl. 101ᵃ.
K. bl. 33ᵃ. 1. schlechtiglich E(9). K. glaubt B. E. G. die H. K.
zwölff B. 2 let B. H. nit f. C. E. H. wickeln C. E. Vnd im
sunst nichtz G. Vnd ym doran nichts K. 3. Dann C. E. K.
es E. G. das f. H. zwolff B. 4. Damit B. 5. geschopfften C. E.
Das g. sey schopfung ein sach G. schopfer sacht H. ein f. K.
aller geschopff ein s. K. 6. Triueltig C. E. fach G. wacht H.
vach K. 7. substantzen C. und subst. H. 8. Das der E. G.
weleibt H. ymer vnd ewig G. 9. des C. E. H. K. schlecht K.
gelert B. er sey gelert oder l. C. E. Wer des glaupt geystlich
o. l. G. 10. dreit H. tregt darein von K. vil wünderlicher
luppercy E. ander luperey G. gunder derfay H. künder vey K.
11. genug C. jn H. ganz in E. 12. Darynn. B. E G. sein
B. E. K. Darin alle die sein seligen w. G. 13. dort anplicket G.
got ewig pflicht in fr. E. H. freyden B. E. 14. hin C. das

wir nymmer dauon werden geschaiden E. Got h. das wir dort nymer werden g. G. got helf uns auch dar mit freuden H. das wir zu sulchen K.

## VII.

Wer recht wöll halten die zehen gepot,
Derselb sol gelauben in ain got;
Wil er sich vor der helle erneren,
So sol er pei got nit mainaid sweren;
5 Wil er sein sele von sunden spalten,
So sol er sein feirtag recht halten;
Er sol auch vater und muter eren,
Das haisset got die kinder leren;
Got der wil dort gar swerlichen rechen
10 Töten, stelen und eeprechen;
Wil er sein herz von sunden leren,
So sol er nit fremder hausfrauen gern;
Wil er dan flihen vor ewiger pein,
So sol er kein falscher zeug nit sein;
15 Ist er seiner sele ein getreuer hüter,
So sol er nit gern fremder güter;
Das sein die zehen pot Moises ler;
Wer der eins pricht oder mer,
Dem wirt der himel zugeschlossen
20 Und alles daz plut, daz got hat vergossen,
Daz ist als ganz und gar an im verlorn,
Er werd dann anderwait aus der peicht geporn.

A. bl. 53ᵇ Von den zehen gepoten. B. bl. 188ᵃ. C. bl. 166ᵇ. E. bl. 159ᵃ. G. bl. 4ᵃ Wie man die zehen gepot nit prechen sol. H. bl. 101ᵇ. K. bl. 33ᵃ Etliche geistliche sneperer (*das letzte wort in rasur*). 1. Wer halten w. C. H. K. wil G. K. 2. Der selbig glaub in einen g. G. einen B. E. K. 3. hell E. G. ernern B. E. wern H. 4. nymants sw. C. mainat H. nicht bey gote swern K. 5. sel B. C. E. G. 6. feyertag B. die veiert. H. feyr recht G. sandt Peterstag K. 8. heist E. K. 9. sogar C. swerlich B. E. K. Wan got der wil g. swerlich r. G. richten H. der wil auch dort K. 10. Stelen töten vnd eepr. B. G. vnd auch Eepr. C. K. 11. keren G. K. 12. begern C. E. G. eefr. G. *Von hier abweichende reihenfolge in* H: 13. 14. 15. 16. 11. 12. *durch ziffern angedeutet. In* K: 13. 14. 11. 12. 13. wil einer fl. K.

denn B. er entphlihen der ewigen E. G. von H. 14. gezeug
G. H. K. nit f. B. E. G. K. 15. dann seiner E. sel B. C. G.
16. So beger nit C. begern G. 17. gepot B. C. E. G. mosi H.
18. yr C. H. zupricht E. 19. 20 f. G. 20. plüt B. G. alles
plut C. Vnd das plut das gote der herr hat verg. K. 21. alles C.
und gar f. B. C. H. K. alles so gancz verlorn G. ist ganz
an dem K. 22. werde E. wer H. denn B. G. tauf G. newe a.
d. p. widerumb K.

## VIII.

Secht grosse schon on posc lieb,
Darumb David uber die schnür hieb;
Und grosse sterk an pöß faulhait,
Darinn man Sampson sein har abschnait;
5 Und grosse weisheit an prauchen zu gut,
Darumb Cirius ertrankt in menschen plut;
Und grosser reichtum on armut versmehen,
Darumb der reich man in der helle wert gesehen;
Und grosser gewalt an ungenad,
10 Darumb Amon led Mardocheus tod;
Und hoher adel an hochfart,
Darumb Lucifer verstossen wart;
Und recht urtailn an salben in der hant,
Darumb man Kommestos sein haut abschant:
15 Die siben stuck wern gen got all geb und geng,
Verderbtens nit hinden daran die posen nachkleng.

A. bl. 55ᵃ. B. bl. 156ᵇ. C. bl. 176ᵇ. E. bl. 160ᵃ. G. bl. 20ᵇ
Ein priamel von vil grossen sünden. H. bl. 102ᵃ. K. bl. 35ᵃ.
1. Secht f. K. vnd poße G. on f. H. 2. die sundt K. 3. vnd
pose E. G. faulkeit K. 4. Darumb E. G. man f. K. sam-
sam H. hor B. 5. on B. C. vnd nicht prauchen E. der man
nit praucht G. 6. Cirus E. Tirws K. ertranck B. C. E. er-
dranck crinis G. 7. grossen C. E. groß G. reichtung H. in
armut A. vnd arm E. G. verschmechten G. 8. man f. C. wart
in der hel G. 9. gewalt vnd E. an alle genadt G. 10. Amon
f. E. G. lede B. leid C. G. H. den todt E. G. Mardochey K.
11. f. H. adel vnd E. vnd hoch mit hoffart G. 13. Vnd vn-
recht vrt. vnd E. salb die handt G. 14. kameses C. camesten E.
comesten G. commestens H. comestes K. haubt C. K. abschant
f. H. 15. siben f. E. G. sind C. gein B. K. all f. C. K. weren
al got g. v. g. G. gen *und* geng f. H. 16. f. C. Verhuntens G.
daran f. G. K. posen f. E. anheng G.

## IX.

Wer einem wolf traut auf die haid,
Und einem paurn auf seinen aid,
Und einem münch auf sein gewissen:
Der ist hie und dort beschissen.

A. bl. 57ᵇ. 2. *Der korrektor fügt nach „paurn" ein „gelaubt".*
*Erweitert* F. bl. 88ᵃ. Wie einer von den allen wirt beschissen:

## IX a.

Wer ungeschaut in secken kauft
Und sich mit einem toren rauft
Und porgt ungewissen auf ir sag:
Der singt ein lied, heist maria clag;
5 Und traut dem wolf auf der heid
Und den pauren auf den eit,
Munchen und pfaffen auf ir gewissen:
Der wirt von disen siben beschissen.

## X.

Wer seim nechsten getreu woll sein:
Der pit zu ostern für den wein,
Und zu sant Jorgentag für die plüt,
Das got das obß auf den pauemen behüt;
5 Und zu pfingsten für das heu,
Davon das viho hot futter und streu;
Und zu sant Jacobstag für die scheuern,
Das sie got wöll behütten vor an feuern;
Und zu sant Michelstag für die satt,
10 Daran al unsere narung stat;
Und zu weihennachten fur alle spiler,
Die an gotlicher huld sein lere:
Wer also pit gelert oder lai, junk oder alt,
Der hat sein nechsten gen got und der welt wol bezalt.

B. bl. 162ᵇ. C. bl. 159ᵇ. 1. nehsten C. = 14. wil C.
3. jörgen C. 4. pawmen C. 5. pfingen B. 6. vih C. 7. scheurn — feurn C. 8. behüten C. an f. C. 9. Und f. C. sat C. 10. unser C. 12. götlicher. sind ler C. 13. Der. gelert ley C. 14 hot. seinen. werlt. wol f. C.

## XI.

Wer gern spilt und ungern gilt,
Und judon lobt und pfaffen schilt,
Und ungern pot und gern swert,
Und also sein zeit alle verzert,
5 Und ungern fast und gern leugt,
Und kirchen, meß und predig fleucht,
Und fru und spat ist gern vol:
Der taug zu keinem kartheusser wol.

B. bl. 163<sup>b</sup>. C. bl. 153<sup>a</sup> *zusammengeschrieben mit:* Wer alle tag wil ligen im luder. E. bl. 398<sup>b</sup>. K. bl. 22<sup>a</sup>. 2. priester C. 4. all sein zeit also verzert C. K. alle s. z. a. verz. E. 6. und meß B. C. kierchen C. 7. spot C.

## XII.

Welich man sein frauen slecht im pet,
Und ob dem tisch unzüchtig ret,
Und sich im pat nit schempt,
Und sich nimmer keiner zucht rempt,
5 Und in der kirchen thut ungamper,
Und vor junkfrauen ret schamper,
Und lieber einer pfutschen trinkt dann prunnen:
Der ist auß eim groben werk gespunnen.

B. bl. 164<sup>b</sup>. C. bl. 153<sup>b</sup>. D. s. 300. F. 49<sup>b</sup> Von einem groben man etc. H. bl. 126<sup>a</sup>. K. bl. 26<sup>b</sup>. L. bl. 15<sup>a</sup>. a. s. 149. 1. Welch C. F. a. Welcher D. H. K. schlegt F. H. schlat L. 2. uber L. den D. H. vntzucht D. H. L. Bade D. pade K. auch nit F. Vnd in dem pade sich u. sch. L. 4. Vnd sich auch keiner z. nit r. F. Vnd nymmer k. z. s. r. H. K. sich f. L. a. 5 *und* 6 *in* D. *verstellt.* 5. Vnd mit geperd ist vngamper D. dnt H. 6. Vnd der vor D. redet F. geschamper D. H. K. a. gschamper F. 7. einer f. D. H. L. pfücze C. L. trüb wasser a. Vnd wen er getrinckt vnd spercz in prunen F. drinckt H. den lauttern pr. K. 8. einem C. D. awß den H. aus grobem F.

## XIII.

Ein zaghaft streit unter eins fürsten paner,
Ein treuer arbeiter und ein poser loner,
Und karg wirt und hungrig gest,
Swag wegen und swer lest,

5 Ein weits loch und ein kleiner nagel,
Ein gails weib und ein waicher zagel,
Und kurz woll und weide kammen:
Die dink fugen nit wol zusammen.

B. bl. 166ᵇ. C. bl. 157ª. D. s. 304. E. bl. 401ª. F. bl. 49 IIª
Die ding die gehorn ye nit zusamen. K. bl. 9ª Dise dingk fugen
sich nit wol zusammen. b. bl. 85ª Ain anders gûtz sprüchlin.
1. zaghafftiger C. E. streitter E. b. eins grossen E. eines K.
poner C. D. baner b. panir E. 2. getreuer C. D. E. K. er-
beyter D. erbetter K. vngetreuer E. lonner K. 3. Ein karger F.
Karger E. charg b. hungerig C. D. F. hungerisch E. 4. Kranck
w. E. Vnd swag K. 6. Vnd ein gros E. Jung frücht vnd kalter
hagel E. Ain groß fůd b. 7. kortz wollen C. kurtze D. E. wollen D.
Ein kurtze woln F. weich C. weyt D. E. F. petten vnd weitte
kamern K. 8. fugen sich gar vbel zus. E. die gehorn ye nit
zus. F. die dugen nicht w. z. K. fügen nicht zûs. b.

## XIV.

Jaghunt, wilde swein und hasen,
Und fuchs und hüner auf einem grunen wasen,
Und frosch und storch, euln und raben,
Und zwen gesellen, die ein pulen haben,
5 Und zwen hunt, die nagen ein pain:
Die sein auch gar selten überein.

B. bl. 167ª. C. bl. 157ᵇ. D. s. 299. E. bl. 401ª. F. bl. 72ᵇ
Die ding die tragen selten vber ein. H. bl. 120ᵇ. K. bl. 10ª
Von parttheien Die selten eins sein. M. bl. 18ᵇ. 1. Jahundt F.
Jaghunt vnd C. H. K. Jagh. vnd alt h. E. und ein schwein
auch Hasen M. 2. Und f. E. F. füchs vnd hönner a. grönem C.
Fuchs huner endten a. e. w. F. Honner M. einem f. D. H. M.
3. Und f. E. Vnd frosch störch C. F. vnd ewln D. H. K. M.
4. gesellen f. E. F. einen D. F. H. K. M. 5. hund ob einem
p. E. die do C. D. H. K. M. an einem p. C. D. F. 6. sind
C. D. H. kumen gar E. tragen s. u. F. gar f. H. auch all gar
s. untereinander ein K. Die Ding sind g. M.

## XV.

Ein prister, der ob dem alter stet,
Wenn man ser zu dem opfer get;
Und ein kromer, der do fail hat grosse hab,
So man im sie ser kauffet ab:

5 Und ein vischer der swer reusen hebt,
Daran er wol gewin enzebt;
Und ein fauler liegen pei dem ofen auf der pank:
Den viern ist die weil gar selten lank.

B. bl. 167ª. C. bl. 160ª. D. s. 302. E. bl. 370ᵇ Sequitur.
F. bl. 75ª Vier dingen ist die weyl nit lanck. H. bl. 128ª.
K. bl. 9ᵇ Bey disen dingen den leuten dy weyl nit langk ist.
1. ob eim C. H. einem E. K. altar D. stat B. 2. Wenn der
mesner D. Wann K. zum C. vast zu opfer F. 3. kramer E. H.
kremer K. do f. C. D. hat feil F. habe — abe C. H. 4. sie
ym C. K. dann k. D. jm die dann ser E. ym teur k. a. F.
jms kaüft H. denn s. keuffet K. 5. der gros r. vol fecht F.
6. erzelt H. anzelt K. Vnd tewr gibt sein karpfen vnd hecht F.
7. ligent D. ligt H. peym C. pey eim H. Vnd ein kacz legt
peym F. liger K. 8. vieren C. D. H. K. weil nit F.

## XVI.

Vor alter wirt der man greiß,
Vor alter wirt der man unweiß,
Vor alter reißen munchs kuten,
Vor alter werden lang tuten,
5 Das sie klunkern über den pauch;
Vor alter wirt die fudt rauch,
Im alter muß sie gar derkalten,
Im alter gewinnen die boden falten,
Das sie den peuteln werden gleich:
10 Das fleusset alles auß des alters teich.

B. bl. 169ª. K. bl. 17ᵇ De senio. 4. dutten K. 5. glun-
kern K. vber K. 10. alles f. K.

## XVII.

Vor alter wirt der man gro,
Vor alter wirt mist aus stro,
Vor alter faulen opfel und pirn,
Vor alter werden runzeln an der stirn,
5 Vor alter werden rote wenglein pleich,
Vor alter werden herte tutlein waich,
Vor alter werden waich hert erß,
Vor alter werden lang hoten pei dem zerß.

B. bl. 169ᵃ. F. bl. 48ᵇ Das kumpt alles vom alter. K. bl. 17ᵇ
De senio. M. bl. 18ᵇ. 1. Im (*stets*) K. M. gra — stra K. grab M.
2. zu F. 3. fallen F. 4. wern runtzel F. 5 *und* 6 *tauschen
die folge in* F. 5. wern herte prüstlein weich (*korrigiert aus*
pleich) F. 6. wern liechte w. pleich F. dutten K. 7. wirt der
haffen zu scherben F. hert waich B. hertte ersch K. weich f. M.
8. filczt sich das bar jn der ars kerben F. lang f. B. hoden K. F.
und klain z. M. zersch K.

## XVIII.

Wer sucht in eim kutrolfglaß genß,
Und an eines münchs kuten zoten und gefrenß,
Und in einer judenschul veiste swein,
Und in eins vischers reusen guten wein,
5 Und sucht klein fotzen pei grossen ersen,
Und sucht kurz hoden pei langen zersen,
Und in eim storchnest esel und pfert:
Der vindt gar selten des er begert.

B. bl. 169ᵇ. K. bl. 7ᵇ Zu suchen des er nit findt. M. bl. 20ᵇ.
1. 7. einem K. kutraff M. 2. gfrens M. 5. 6. bei K. 7. eime
storchneste M.

## XIX.

Kein grosser narr mag nit werden,
Wann wer frauen dint auf erden
Zu aller zeit durch ir minn,
Darauf er legt sein wiz und sinn,
5 Und des nachts oft wacht piß an den morgen,
Das er möcht groen vor rechten sorgen;
Erst weist sie in zu einem prifet,
Wenn es im nach allem seinem willen get,
So meint er im sei recht wol gelont:
10 Dorümb ich kein grossern narren nie fant.

B. bl. 170ᵇ. C. bl. 155ᵇ. D. s. 301. F. bl. 49 IIᵃ Wie
kein grosser narr ist auff' erden. H. bl. 127ᵃ. K. bl. 9ᵇ Von
narrheyt freulicher dinste. L. bl. 15ᵇ. 1. narre L. narr der F.
nicht C. D. H. K. L. 2. Wen C. Dann der D. L. den fr. D.
Denn der F. der den H. hie auf L. 3. newr durch F. durch
sein D. mynne — synne C. D. K. L. 4. so legt er w. F.
5. die nacht F. nachtes H. wachen vncz F. bis H. 6. mochte C.

graen C. D. K. graben H. rechten f. D. H. L. 7. Irst L. so
weyst syn auff ein F. 8. im f. D. al seym F. allem f. D. H. L.
9. 10 f. F. 9. recht f. C. D. H. L. gelaut K. gelonet D.
10. Darumb C. D. Dorumen L. man H. L. großer narren vondt D.
wont L.

## XX.

Welich man sich vil rumpt von frauen,
Und sein red im hals nit kann schauen,
Ob es im preng schaden oder nuz,
Und wil übersehen keinen truz,
5 Und heimlich pult und gern sagt,
Wes er beginnt pei tag und nacht,
Und gern sagt gelogne mer:
Der ist aller weisheit ler.

B. bl. 171ᵇ. C. bl. 153ᵇ. D. s. 305. E. bl. 92ᵃ Sprich-
pörter. F. bl. 72ᵇ Von einem der aller tugent ist ler. H. bl. 128ᵇ.
1. Welch C. E. Welcher D. F. H. rumet vil F. 2. rede C. D. E.
nicht C. D. kan sein rede ym halß nit F. 3. pring C. F. pringt
D. H. bring E. im f. F. 4. kein D. drucz F. H. 5. Und f. D.
6. Was E. F. begynnet D. beget F. wegint H. pei f. D. F. H.
7. saget F. mere — lere D. 8. tugent F.

## XXI.

Wer in der kirchen stet und swazt
Und die leut hinden und vorn beschazt
Und iederman ein plech an slecht
Und jungfrauen on irem leumut swecht
5 Und sich seins nechsten unglück erfreut,
Darümb er solt pillig tragen leit,
Und nimant keins guten gant
Und gern sicht raub und prant
Und alle ding zum pösten went
10 Und vater und muter swecht und schent
Und frauen und pristern allzeit ubel redt:
Der hat die vier angeltugent wol halb verzet.

B. bl. 170ᵇ. C. bl. 174ᵃ. D. s. 308. E. bl. 71ᵇ Sprich-
pörter. K. bl. 19ᵇ. 1. kierchen C. 2. schatzt C. D. 3 *und* 4
*tauschen die folge in* B. 4. junckfrau E. an C. D. E. K. jr K.

leimut C. K. lewmunde D. 5. ungeluck C. D. K. freit C. erfreit E. K. erfrewet D. 6. tragen billig C. K. billich solt tragen D. 7. gont D. 8. sich C. Vnd nert sich rawbs D. 9. zu dem K. peßten E. 11. priester D. geret C. 14. hohe angelt. vorczert C. wol halb f. E.

## XXII.

Wer auf eim paum hoch wil purzeln
Und wil sich halten an die wurzel,
Und parfuß tanzen wil in torn
Und nit wil fürchten die spitzen vorn,
5 Und an ein mulrat sich ruen laint,
Und slaffen in eim emeßhauffen maint,
Und sand wil in die augen scharren:
Den halt ich für ein halben narren.

B. bl. 171$^b$. C. bl. 153$^b$. E. bl. 404$^a$. L. bl. 8$^a$. 1. hoch auf einem paumen C. *dieselbe folge in* E. L. porczeln L. 2. wurzeln C. E. L. 3. E. *schiebt ein:* Vnd drispitz lauffen auf schmalem steg Vnd schlaffen auf einer scharffen seg. dorn C. L. 4. vorchten E. 5. mölrad L. 6. zu schlaffen in einem E. amas C. schloffe auf einem emßen h. meyt. L. 7. sauch C. augen wil E. 8. halben f. E. Der ist wol ein halber narre L.

## XXIII.

Wer auf einem waichen möß wil stelzen
Und auf einem rocken flaß wil pelzen
Und wil sich mit einem kalen rauffen
Und wil alle ding aus lerer haud kauffen
5 Und got wil dienen mit posem wandel
Und ein wil schenken aus lerer kandel,
Wann man nötigs trinken sol:
Der arbeit keine slaunt im nimer wol.

B. bl. 171$^b$. C. bl. 154$^b$. E. bl. 399$^b$. L. bl. 14$^a$. 1. eim E. 2. flachs C. E. Vnd flachs auf e. r. w. p. L. 3. Vnd mit einem k. s. w. C. L. reufen — keufen L. 4. V. alle d. a. l. hende wil k. C. aue gelt wil L. 5. wandeln — kandeln L. 6. lererer B. einer leren k. C. E. 7. Wenn C. E. man do. trincken sal. L. 8. schlaunt C. E. nimer f. C. Dy ar. schlaumpt nymantz wal. L.

## XXIV.

Harpfen und geigen und lautten slahen
Und rot schüblein an tragen
Und zoten tragen auf dem gewant,
Das man etwen zelt für ein schand,
5 Und hoffart treiben mit manchem geperd
Und hor stossen, das os krauß werd,
Und des nachts auf der gassen hofiern,
Das tanzen, stechen und turniern:
Dasselb geschicht neuer umb die zarten,
10 Die ir unten zu dem ding lest warten.

A. bl. 24$^b$ Von pulerey 3 vv. B. bl. 173$^b$. C. bl. 155$^b$.
D. s. 297. F. bl. 49$^a$ Das geschicht d. alles durch die mynne.
H. bl. 121$^a$. K. bl. 26$^b$. L. bl. 15$^b$. 1. *das erste* und f. C. D. F. H.
K. L. 2. Vnd auch K. schuch A. H. schuh D. schue K. schu L.
Rotschuech vnd zoten antr. F. 3 *und 4 tauschen die folge in* F.
Lieberey geteilt tragen jn gewant F. an L. 4. etwan C. K. L.
ettbenn D. zellet D. K. vor zeiten F. dy alten hiessen sch. L.
5. hohfart C. tragen B. manchen f. F. mangem geper H.
6. höer C. har D. F. H. das hore K. stassen C. H. L. es f. F. H.
7. nachtes K. gasse L. hofiren — turniren D. F. K. hofiren —
dorneyen C. 8. Vnd t. K. danczen H. stechen tanzen F. stechin tornirn L. durnieren H. 9. Vnd das F. selb f. K. geschiet L. neur C. D. F. L. nairt K. neur f. alles K. durch F.
10. zu der kerben K. L. let H.

## XXV.

Ein mensch, das lieber pöß wer dann frum,
Und gern taub wer und ein stum,
Und lieber krank wer dann gesunt,
Und gern hat ein verlogen munt,
5 Und lieber plint wer dann er kunt sehen,
Und gerner ein alte geiß hort pleen
Dann harpfen, lautten und clavizimel,
Und lieber gen hell für dann gen himel,
Und lieber schand und laster trib
10 Dann das er pei guttem frid plib,

Und lieber lam wer an allen vieren
Dann das er gleich lüff wilden tiern,
Und vil lieber arm wer dann reich:
Der wer an sinnen mir gar ungleich.

B. bl. 174ᵇ. C. bl. 173ᵇ. D. s. 307. F. bl. 72ᵇ Der wer an synnen mir nit gleich. K. bl. 19ᵇ. 1. wer bose D. den (*stets*) F. 2. dan ein C. 4. het C. D. K. 5. dann er gesch D. den gesehent F. gesehen K. 6. lieber C. D. F. horte C. horet D. ein geys horent plehent F. 7. lawten h. v. cl. D. F. 8. gein D. K. 9. trieb — plieb D. 10. pey dem frid belib F. 11. auff F. 12. Und das B. geleich C. Das er geleich l. den F. Das er gleich lif w. t. K. 13. vil f. F. 14. mir nit gleich F. ungeleich C. D.

## XXVI.

Müssig geen und zarten leib gezogen
Und alzeit vor der arbeit geflogen
Und wol gekleit und hübsch gezirt,
Damit man nun der werlt hofirt,
5 Und gesunten leib und nichts geliden
Und der sieben totsünd keine gemiden
Und essen und trinken und unzucht treiben,
Das vil geschicht von mannen und weiben,
Und des nachts auf waichen pet gelegen
10 Und des leibs nach allem lust gepflegen
Und selten gepeth und oft geflucht
Und kirchen meiden und das weinhauß gesucht,
Darwider ich auch selten streb:
Wann got sein himelreich darümb geb,
15 So wurd mancher gen himel gefürt,
Der sünst dem Luzifer zu teil wirt.

B. bl. 174ᵇ. C. bl. 183ᵃ. D. s. 307. G. bl. 24ᵃ Von gemainem lauff vnd siten der welt. K. bl. 20ᵃ. 1. Musßigen K. gene D. gangen G. 2. erbeit D. geflohen C. D. 3. wol gezirt D. G. K. 4. in der w. C. D. K. hie der G. 5. Und f. D. Von ges. G. gelieden C. 6. kein B. vermiden G. 7. Und e. a. f. C. G. 8. Des D. Vnd vnkeusch getriben mit den weyben G. 9. waiche B. weichen petten C. D. G. K. 10. Schwur vnd spils nach lust G. pflegen D. 11. vil geff. G. 12. kierchen C. geflohen G.

13. Dawider D. Tanczen vnd springen vnd gutes leben. G.
14. Wenn C. D. Wolt geben G. 15. manch mensch C. manchs D.
manich sel G. gar mancher mensch K. zu h. C. D. G. K. gefurt B. 16. Dy G. süst C. D. luciper D. teufel G. K. würt C. G.

## XXVII.

Wer seinen pulen nicht laicht
Und nicht feist, so er seicht,
Und lacht und nit schreit,
Und nicht küßt, so er geheit:
5 Dem ist gleich geschehen,
Als sei er zu Rom gewesen und hab den pabst nie
gesehen.

B bl. 175[b]. M. bl. 21[a]. 2. 3. nit M. 5. Den B. geleich M.
6. nit M.

## XXVIII.

Ein sweigender schuler
Und ein ainfeltiger richter
Und ein pub auf einem hohen roß jagen
Und ein hur auf einem verhangen wagen
5 Vnd ein krintiger koch:
Die verderben aller herrn hoff.

B. bl. 175[b]. E. bl. 397[a] und 381[b]. 4. her E[l].

## XXIX.

Poßheit und grintig pader,
Spiler und groß lieger,
Wucherer und gictig pfaffen:
Die sechs hat der teufel geschaffen.

B. bl. 176[a]. E. bl. 397[a]. 2. grosse E. 3. goitig E. 4. beschaffen E.

## XXX.

Wer alle tag wil ligen im luder
Und aus der schussel wil füren gute fuder
Und einen trunk übern andern wil sauffen:
Den sicht man wenig erb und eigen kauffen.

B. bl. 176ª. C. bl. 153ª Eyn pryamel. E. bl. 397ᵇ. F.|bl. 119ᵇ
Wie sich einer vngepurlich helt. J. nr 2. K. bl. 14ª. Von sauffern
vnd fressern. M. bl. 19ᵇ. 1. Wellicher J. altag K. ligen wil F.
2. schissel J. wil f. C. F. grosse F. K. M. 3. ymmer ein
grossen tr. C. über den a. C. E. J. K. M. 4. winig C. wienig J.
erbe E. oder eigen K. 3 *und* 4 *fehlen in* F.; *statt dessen*:
> Schone weyp vnd schone ros
> Feyern vnd aller cleydung plos
> Frw zum essen vnd trincken lauffen
> Den sicht man nit vil erbes kauffen.

### XXXI.

Staup, laug und raugh,
Groß trünk, zwifel und knoblauch,
Weißer snee und haisse pad:
Das ist alles den augen schad.

B. bl. 176ª. E. bl. 397ª. 1. lauch E. 3. schne E. *Er-
weitert in* F. bl. 42ª. Was den augen Schad ist ein priamel.
*bei Lessing Werke 11, 667.*

### XXXII.

Ein gast, dem ein wiert gütlich thut,
Und in der gast bezalt mit posem gut,
Und im der wirt oft fult sein palk:
Der gast ist ein rechter schalk.

B. bl. 176ᵇ. δ ε nr 83. η 𝔈 vccc ª. ζ 𝔈 cccc nr 81. 3. palk
*nach den drucken*. B: sack.

### XXXIII.

Eim man, dem gut und er zufleußt
Und des kein armer nit geneust,
Und al sein sach im glücklich get:
Sein gut end gar gnau im kloben stet.

B. bl. 176ᵇ. F. bl. 51ᵇ Von eym man dem gluck vnd gut
zü stet vnd er. 1. er vnd gut F. 3. Vnd im. gelücklich F.
4. im gnaw F.

### XXXIV.

Welich menschen die vier kotemner nit vasten
Und an heiligen tagen mit sünden rasten

Und an dem pfingstag sich überfuln,
So sie den heiligen gaist empfangen suln,
5 Und am cristag spiln mit vernufft
Und got nit danken seiner zukunft
Und hoffart treiben am karfreitag
Und got nit danken mit grosser klag,
Das er sie erloßt hat mit seinem plut,
10 Und die ganzen vasten kein peicht thut
Und nit zu osterlicher zeit
Zu gotz tisch get und sein feinden vergeit:
Der sol fur war wissen und versten,
Das im die genad gotz wil engen.

B. bl. 183ᵃ. C. bl. 164ᵃ. E. bl. 157ᵃ. G. bl. 3ᵇ Wie dem menschen die gnad gotz wil entgen. H. bl. 95ᵇ. K. bl. 35ᵇ. L. bl. 12ᵃ. 1. Welch C. G. Welche K. Welcher mensch(e) C. E. G. H. vier f. B. vast — rast C. E. G. H. Quattember E. L. qvtember H. nit wil fasten K. 2. an f. C. an den G. heilig tag C. sunden nit G. nit wil rasten K. nicht mit sunden L. 3. die sich C. E. am C. Vnd am Pfingstag sich wil uberfullen K. 4. Do C. H. K. empfaen C. K. L. entpfahen E. H. sollen C. 5. Vnd der C. spilt C. E. H. K. vernunfft C. G. 6. dankt. 7. treibt. 8. dankt C. E. G. H. K. 6. heiligen zuk. C. G. H. L. 7. an dem G. chorfr. E. karnfr. L. 8. ynniger E. G. 9. Des L. sey erloß B. in C. E. H. hat f. G. heiligen C. G. 10. peichten G. K. L. 11. auch nicht zu der osterlichen E. G. Vnd nicht zw rechter zeit Zw gots tisch get H. *das übrige fehlt.* nit f. K. 12. seinen G. K. nit verg. K. 13. furwar f. K. das wissen G. H. L. verstan — entgan C. K. verstin — entgin G. 14. gnade C. ganz wil K. schir G.

### XXXV.

Ein mensch, der in sweren todsünden stet
Und über jar ungepeicht get
Und nimmer kein pater noster spricht
Und oft die zehen gepot zupricht;
5 Und ein gotsswerer, der da spilt und raßt,
Der got und al sein heiligen haßt;
Und ein schacher, der sich mordens betregt,
Der selten in andacht wirt bewegt;
Und ein rauber, der al sein narung erraubt;
10 Und ein wilder heiden, der an got nit glaubt;

Und ein kindlein, das an tauf verfert;
Und ein jud, der sich eitels wuchers nert:
Den ist allen der himel nit als ser verschrankt
Als eim cristen, der got seiner marter noch nie hat
gedankt.

B. bl. 184ᵃ. C. bl. 166ᵇ. E. bl. 155ᵇ. G. bl. 3ᵃ Wen ein mensch got seiner marter nit danckt. H. bl. 97ᵃ. K. bl. 37ᵃ. L. bl. 13ᵃ. 1. das C. E. G. H. sweren f. C. G. grossen H. jn swerem pann stet K. 2. iore an peicht K. vngepeichtet · G. 3. 4 f. H. K. 3. nymermer G. 4. heiligen zehen L. 5. Und f. B. furzer C. do C. da f. G. Vnd ist ein K. 6. Vnd der C. E. G. Vnd gote K. alle s. heilig C. 7. sacher H. schecher L. morden wekert H. begeht K. 8. Vnd der C. E. mit andacht L. erwegt K. L. 9. der iderman beraubt K. 10. heid C. G. H. hayde E. wilder f. K. L. der nit an g. G. K. in g. C. E. gelaubt C. K. 11. kindelin L. on C. E. K. die tauffe K. 12. eitels f. C. K. ernert C. 13. Den allen ist C. E. G. L. allen f. K. kaum als C. L. so ser G. so sere nit K. 14. kristen mensch C. E. H. L. nit danckt C. E. G. H. noch f. K. L.

## XXXVI.

Wer got nicht dankt seiner grossen milt,
Das er in zu menschen hot gepilt,
Und im hat leib und sel gegeben,
Vernufft, die glid, sein sterk, sein leben,
5 Und seiner grossen marter und pein,
Damit er vom teufel ist worden sein,
Und nit im dank seiner grossen woltat,
Das er kompt herab in ein prot
Seiner armen sündigen sel zu niessen:
10 Wer des zu danken sich leßt verdriessen
Und nit sich förcht vor der sunden slegel:
Der mensch fürt kein cristenliche regel.

B. bl. 184ᵇ. C. bl. 165ᵇ. E. bl. 56ᵃ. G. bl. 3ᵃ Wie ein mensch nit helt sein cristenlich regel. H. bl. 97ᵇ. K. bl. 37ᵇ. L. bl. 13ᵃ. 2. einem menschen H. K. gleich hat K. in hat zu m. G. erpilt L. 3. sel vnd leib C. G. geben B. hat gegeben H. gigeben L. Vnd hat ym K. 4. sterck glider vnd leben C. glider sterck vnd das leben E. Vernunfft stercke gelid vnd auch l. G. V. gl. st. vnd leben K. vnd leben H. glider vnd stercke vnd sein lebin L. 7. im nit C. K. mit B. danckt C. E. G. H. K. grossen f. G. woltåt B. 8. hierab kompt C. herab kumbt E. G. erab L. prat G. L. 9. sündigen f. E. G. zu gnaden G. armen sel vnd wesen K. 10. sich des E. H. yn des K. zu f. C. Wer sich zu danck des lest G. Wer sich des zw danck lest H. lest sich L. 11. sich nit C. E. G. L. forcht C. E. furcht G. den C. 12. rechte H. K. rech H. cristenliche f. K. Der helt nit recht sein crist. r. G. L.

## XXXVII.

Welcher mensch in der kirchen kniet
Und got den herren aufheben sitt,
Und piet am ersten fur sein veint
Und für alle die, die wider in seint,
5 Und darnach pit für alle die,
Die im kein gut haben gethan hie,
Und got anpet in der heiligen ostei,
Das er im ein seligs end hie verleih,
Und darnach got dankt alles seins gutz,
10 Seiner marter, seiner pein, seiner wunden, seins plutz,
Domit er uns vor der hell hat befritt,
Und darnach fur all tötsunder pit,
Das got wöll als ubel von in jeten:
Der mensch hat recht kristenlich gepoten.

A. bl. 51ª v. 11—14. B. bl. 185ª. C. bl. 165ª. E. bl. 156ᵇ. G. bl. 3ª Wie ein mensch got recht piten sol. H. bl. 97ᵇ. K. bl. 37ᵇ. 1. in einer C. E. G. H. K. kierchen C. 2. das sacrament G. sihet C. E. G. K. sicht H. 3. am ersten pitt C. E. G. K. an dem ersten bit H. seinen E. 4. Und f. H. alle die wider C. E. K. die do G. 5. Darnach so pit er auch fur G. für seine freund die Die ym ye gut E. bitet K. 6. jm ye gut h. g. alhie G. tun C. Die ye kein g. jm H. ye ein K. 7. hostiey K. 8. Das ym got G. jn hie K. 9. Und f. G. so danck got seines G. gůtz — plütz B. seins f. H. 10. marter pein wunden vnd pl. C. E. marter pein vnd seines pl. G. vnd s. pl. K. 11. hot C. helle B. C. hat vor der h. G. wehᵗ H. bohutt K. 12. Und f. K. alle B. totsunder B. G. 13. ubel wöll C. E. ungluck G. zechen H. von vns woll K. getten E. G. 14. mensch f. K. recht vnd G. cristenlich vnd gantz recht K.

## XXXVIII.

Selig ist die hant, die den munt nert;
Noch seliger ist der munt, der nimmer nit swert;
Aber seliger, der sein zeit wol verzert;
Aber seliger, der sich aller sunden erwert;
5 Vil seliger, dem got ein seligs end beschert:
Aller seligst ist, der zu himel fert.

B. bl. 188$^b$. C$^1$ bl. 137$^b$. C$^2$ bl. 175$^a$. E. bl. 161$^a$. 1. sey C$^1$. sey hant C$^2$. ernert C. 2. ist f. C. E. nit f. C. schwert E. *3 und 4 tauschen die folge in* C$^2$. 4. Noch s. E. sündt C$^2$. E. wert E. 5. ende C$^2$. 6. ist f. C$^2$. *In* G. bl. 21$^b$: Wer selig ist vnnd noch seliger etc., *lautet die pr.:*

Selig ist der der von vbel kert
Seliger der sein sel von sunden ernert
Noch seliger der weder schilt noch schwert
Aber seliger der sein zeyt gar wol verzert
Mer seliger der sich alles vbels erwert
Vil seliger dem got ein seligs ondt beschert
Aller seligst der den gen himel fert.

*vgl. zu dieser und den drei folgenden* Eschenburg nr. LXXI, LXXII, XXXVI.

## XXXIX.

Selig ist, der nimer nicht übel spricht:
Noch seliger, der nimer nicht sein nehsten vernicht;
Aber seliger, der albeg wider sund vicht;
Aber seliger, der groß krieg verricht;
5 Vil seliger, der seinen pösen willen pricht:
Ganz selig, der obleit an dem jüngsten gericht.

B. bl. 188$^b$. C$^1$ bl. 137$^a$ Vier priamel. C$^2$ bl. 174$^b$. D. s. 312. G. bl. 21$^b$ Wer selig ist vnd noch seliger wirt etc. c *rückseite des vorsetzblattes.* 1. Sälig (säliger *stets*) c. sey C. D. der der G. nümer c. nicht f. C$^2$. 2. Aber c. ist c. der der D. nimmer f. G. nümer C. seinen D. G. sin c. nit vern. G. 3. Mer D. c. Noch G. der der altag G. albegen C. allwegen D. allweg c. die s. G. 4. f. G. Noch säliger ist der c. vorricht C$^2$. 5. Noch C. D. ist sinen bösen c. der der G. sein C. bosen D. eigen w. G. zupricht G. 6. Allersäligost ist der c. abtilg G. oblyt c. am C. iugsten c.

## XL.

Selig sei, der nimmer nicht wirt verheit;
Noch seliger, der nit tregt haß und neit;
Aber seliger, der niemant sein ere abschneit;
Aber seliger, der allen sein feinden vergeit;
5 Vil seliger, der recht lebt zu aller zeit:
Aller seligst ist, der dem teufel obleit.

B. bl. 188$^b$. C$^1$ bl. 137$^a$. C$^2$ bl. 174$^b$. D. s. 312. E. bl. 116$^a$. G. bl. 21$^b$ Wer selig ist vnd noch seliger etc. 1. der der D. G. sei f. C$^1$. nicht f. C. D. G. wirt f. E. 2. noch neid C. D. 3. Auch selig G. nymants C$^1$. er C. E. G. *in* C$^1$ *folgt* Aber seliger der nymant übel redt. *in* E *versfolge* 4. 3. 5. 4. Vil seliger C$^2$. Mer seliger D. G. Noch seliger C$^1$. der der G. seinen D. 6. seligster C$^2$. ist f. G. der der D. possen gaist. C$^2$.

## XLI.

Selich ist der, der hie on pfennig reicht;
Noch seliger, wer alle ding recht sicht;
Aber seliger, der in gotgrubelt seicht;
Mer seliger, der von allen sunden weicht;
5 Vil seliger, der sein sund recht peicht:
Aller seligst ist, der gottes huld ersleicht.

B. bl. 189$^a$. E. bl. 161$^a$. G. bl. 21$^b$ Aber wer selig ist vnd noch seliger. 1. ist der hie E. an E. G. pfenning E. 2. Auch selig G. der E. G. eicht E. G. 3. *in* B. *3 wörter unleserlich an den rand geschrieben, von denen das letzte* „zeicht." Noch seliger der der sich in got zeicht G. 4. Noch G. der der sich G. allen f. E. G. 5. *in* B. *mit andrer tinte als hinter 3 folgend bezeichnet.* der der G. 6. der der die gnad gocz G.

## XLII.

Ein korsner und ein summer heiß,
Und auch ein gertner und ein geiß,
Und holzschuer und truckner weck,
Und wagenleut und tieffer treck,
5 Und wolf und genß auf einer pount:
Die werden gar selten gut freunt.

C. bl. 156$^b$. D. s. 298. E. bl. 398$^b$. F. bl. 47$^b$ Die ding sein selten freunt als hernach. H. bl. 120$^a$. K$^1$ bl. 14$^b$. K$^2$ bl. 25$^a$.

M. bl. 19b. *Versfolge:* 3. 4. 1. 2. 5. 6. E. F. K1. M. 1. kursner
D. E. F. H. K1. 2. auch f. E. K1. M. vnd auch ein geiß K1.
*3 und 4 tauschen die folge in* D. H. 3. Und f. E. K1. M.
Holczschuch macher F. holzschucher H. druckner H. K1. *3 und
4 f. in* K2. 4. dregk D. *Nach4 fährt F. fort:*
    Ein han vnd fuchs aüf einem mist
    Ein jud vnd darzü auch ain crist
    Ein has vnd wolf aüff einer peunt
    Der iczt ist selten des andern freunt.
4. Und f. F. waffent leut M. 5. Ein haß und ein hunt. K1. M.
ein p. M. 6. sein D. H. K2. gar güt H. gute M. frünt D.
pfreundt M.

## XLIII.

  Die groß untreu mit leichen und effen,
  Wie eins das ander müg felschlich treffen;
  Und wucher, domit man manchen vorderbt,
  Davon die sel die helle anerbt;
5 Und euche recht und link side sweren,
  Das got die zwelf apostel hieß weren;
  Und ere abschneiden mit falschen worten,
  Als Daniel weret unter der pforten;
  Und eeprechen, des man sich nu rümpt,
10 Die man etwen mit den stainn vertumpt;
  Und hoffart treiben von armen und reichen,
  Darumb Lucifer aus dem thron must weichen:
  Die siben sünde haben das unheil bracht,
  Darumb got die werlt an manchen enden pflagt.

B. *vgl. oben s. 13.* C. bl. 163b. E. bl. 159b. H. bl. 105b.
K. bl. 35b. L. bl. 11h. 1. Die f. K. grose L. leyen K. vnd
mit effen L. 2. annder felschlich müg tr. E. *ähnlich* L. falsch H.
3. wüchern E. mit wuchern man manchen verterbet L. mancher
sich v. K. verderbt E. H. K. 4. sein sele K. vnd die hel H.
*nach 4 folgt:* 9. 10. 11. 12. 5. 6. 7. 8. E. 11. 12. 5. 6. 9.
10. 7. 8. L. 5. Vnd f. K. Ebicht rett K. ewige recht H.
6. gote K. zcwulff L. wern C. 8. der Daniel E. ret H. wart.
den K. 9. sich f. B. nie H. berömpt C. 10. etwan C. mit
stein H. K. L. stein C. verdümpt C. 11. treiben als die lerer
sagen Die doch der himel nit möcht tragen E. mocht getragen L.
12. auß d. himel H. K. 13. haben vns herab E. 14. Das gote K.
an manchen enden f. C. nochmals plagt E. nun plackt H. nu
an m. e. placht L.

## XLIV.

Welcher ritter pei einer meß stett
Und nit zum opfer get
Und schussel spult und spilt mit schelken
Und beginnt die ku zu melken
5 Und geflickt altreuß schuch antreit
Und zu aller puberei nit derleit
Und sein rock schickt, das man in went:
Der hat sein ritterschafft ganz geschent.

C. bl. 187ᵇ. L. bl. 8ᵃ. 1. Welch. messe L. 2. zu dem L. 3. schusseln L. 4. kẅe L. 5. geflickte schu L. 6. Vnd einen armen versmeit L. 7. seine kleider L. man sy ym L. 8. ganz. f. L.

## XLV.

Wer zu dem haupt leßt in dem wider,
Der mensch der swecht alle seine glider;
In thauro zum hals alle erznei spar;
Im gemini die arm bewar;
5 Im canzer die schulter nicht verwunt,
Darinn lauft luna sechzig stunt;
Wer in leone alle erznei spart
Zum herzen, der hat das recht bewart;
In virgine kein erznei zimpt,
10 Die man ein zu dem magen nimpt;
In libra sol man den nabel bewarn,
In scorpio sol man frauen sparn;
In sagittario bewar man die tie,
In capricorno hut der knie,
15 In aquario wart der schinpein,
In pisce halt du die fuß rein:
Wer lang gesunt und stark hie wöl bleiben,
Der sol die zwelf stuck in sein herz schreiben.

D¹ s. 401. D². bl. 406ᵃ. F. bl. 73ᵇ Von dem aderlassen in allen zeichen. 1. jm D¹. wieder — glieder D¹. 2. mensch swecht D¹. F. sein D¹. F. 3. Im Thawrus D¹. F. al F. 4. peyde arm D¹. beware D². 5. Im cancer schulter jm leo das hercz In virgo velt der pauch in schmercz. 6. 7. 8. 9. 10. f. F. 6. Dorynnen D¹. 7. Were jm leo D¹. 8. hat sich wol bewart D¹.

9. virgo D¹. nicht zympt D¹. 11. libro F. 12. Im scorpion F. 13. Im F. Segittario D¹. beware die dyh D¹. bewar die die F. 14. Cap⸗cornu D. hute D¹. capracornu F. 15. wartte D¹. 16. piscis F. du f. D¹. fues F. 17. wolle hie bl. D¹. Wer lang frisch vnd gesunt well pleyben F. 18. solle. einschreiben D¹.

## XLVI.

Wer leben wolle nach der mensur
Und recht nach menschlicher natur,
Das er sein leben fure recht gemeßen:
Der sol des tags zweimal eßen,
5 Und zweimal des nachts den brunnen gießen,
So kan die blasen nicht sich zuslieβen;
Und zweimal in der wochen er treib
Sein menlichs werk mit seinem eeweib;
Wil er der frauen zu willen leben,
10 So mag er wol ein mal zugeben;
Und zweimal in einem menet paden,
Das kan keinem menschen nicht geschaden;
Und viermal des jars zu der adern laßen,
So konnen in wenig seuchen anstoßen:
15 Wer also lebt nach diesen stucken allen,
Der kan nicht viel in große krankheit fallen.

D. s. 400. F. bl. 74ᵃ Wie man sol leben nach rechter mensur. 1. wol F. 2. nach der menschlich F. 3. fur F. 4. zweymol newr essen F. 5. des n. d. pr. zweymol g. F. 6. kan sich d. plas nit zu geschl. F. 7. er f. F. 8. eeweibe D. weib F. 9. zu f. F. 10. er ir noch eins zu F. 11. eym monat F. 12. nit F. 13. jm jar zu ader F. 14. kan. feucht anstassen F. 15. also f. F. 16. nit wol F. große f. F.

## XLVII.

Neun schaden zum haubt die schol man wissen:
Frü nuchtern trinken unangepissen,
Und herte pein mit posen zenen genagen,
Und mit eißkalter laugen gezwagen,
5 Und boßer smack aus heissen kacheln,
Und parfuß geen auf gefroren stacheln,

Und parhaubt geen in großer kelt,
Und das haubt nicht vor manesschein behelt;
Und wer zum haubt lest auf der hent,
10 So luna sich in aries went,
Und kaltes trinken nach dem bad:
Die neun stück sind dem haubt gar schad.

D¹ s. 401. D² bl. 405ᵇ. F. bl. 73ᵇ Die newn stuck sein dem haupt schad. 1. scheden F. sol D¹. sult ir F. 2. getruncken vnd angepißen D¹. F. 3. zenn D¹. 5. Bößer D. bosen gesmack D¹. poßer geschmack F. 6. gene D¹. gan F. 7. gene D¹. gangen F. 8. Vns h. F. vor dem monschein D¹. menschen F. 9. 10. f. F. 9. hende D¹. 10 wenn. wennde D¹. 11. große kelten D¹. vil kalcz getruncken F. pade D¹. 12. sein D¹. F. alle F. gar f. D¹. F. schade D¹.

## XLVIII.

Hett ich des keisers weib
Und darzu margraf Albrecht leib
Und der Venediger gut
Und der von Nurmberg ubermut
5 Und der von Erfurt witz:
So geb ich auf niemadt nichtz,
Dann auf got allein.
Der helf uns mit im hein.

E. bl. 48ᵇ. F. bl. 40ᵃ Wie einer wolt aller welt vor sicz. 1. Ja het ich eines F. 2. Vnd herczog albrechts stolczen l. F. 3. Vnd auch der F. 4. nurembergk F. 5. ertfurt weyßheit vnd witz So wolt ich aller welt vor sicz. F.

## XLIX.

Der mensch kein zucht noch scham hat,
Der ungeladen ein gat,
Da man sein zu gaßt nit begert,
Sein unzucht macht in unwert,
5 Das er zugegleicht wirt zu stunt,
Der fligen und darzu dem hunt;
Die sitzen auch selber hinzu,
Und thun den leuten gros unru.

    Des gleichen ein ungeladen gaßt,
10 Der ist oft der menschen uberlaßt.
    Darumb was die dreu verzeren,
    Damit solt man die armen nern,
    So hat man es got selber geben,
    Der gab uns darumb ewigs leben.

E. bl. 134ᵇ. Sprüchwörter.


### L.

    Von alter werden clein visch gros,
    Von alter werden rauch fud plos,
    Von alter werden jung leut krank,
    Von alter werden kurz hoden lank,
5 Von alter werden licht wenglein pleich,
    Von alter werden hert zers weich,
    Von alter werden rote mundlin fal,
    Von alter fallen pein zu tal.

E. bl. 357ᵇ. H. bl. 133ᵃ. *vgl. s. 12.* 1. werden werden E.
5. liechte H. 7. mündlein H. 8. Von a. werden fallen zu tal E.


### LI.

    Ein hunt, der in grimen wüt,
    Und ein poß weib, die selten güt,
    Und ein valscher verlogner munt,
    Der neur gelognes sagt alstunt,
5 Und einen, den man in zorn helt,
    Und den staub, der in ein sunen velt,
    Und die pleter an einer aspen
    Und federn in wint wil zamen raspen,
    Und ertoten al floch, leus und milber
10 Und halten auf einer kugel quecksilber,
    Und in ein perk schreit, das nit hilt,
    Und den unfal ob dem spil nit schilt,
    Und der ein alten juden ketert,
    So er in der talmut pletert,

15 Und in geschweigt ein schlechter lei,
Dem nie kein puchstab wonet pei:
Der das als gestillen kan,
Dem leih ich gern mein hantschuch an.

F. bl. 39ᵇ. Von mancherley posen geschichten vnd gewonheyten. 17. Vnd der.

## LII.

Und wenn ich wer der aller konst
Und haut und har der aller schonst,
Und wer von sinnen der aller weist,
Und het mich aller ding gefleist,
5 Und künt auch aller menschen kunst,
Und het auch aller menschon gunst,
Und het al welt ganz aus ausgezogen,
Und het kein mensch mein tag betrogen,
Und wer der frumst und auch der pest,
10 Und treff mich ein solch gluck zulest,
Das ich ein sack mit guldein fünd,
Das ich in oben kaum zu gepünd,
Mit den weiben, die ich an mir han:
So wer der sack und die guldein vertan,
15 So sprech ir keine nit: behaltz!
Und schlugen mir den hurnschnalz
Und die zungen uber mich den iren geil
Und sprechen: „Schaut den narrn ein weil!
„Nun ist er doch wider schon noch liep,
20 „Was er gestollen hat, der diep,
„Das hab wir im doch ganz vertan."
Sprech ich, es wer nit recht getan,
So wurffen sie mit dreck zu mir,
Man seh in zu und lachet ir
25 Und sprechen: „Es ist recht hurngeschlecht;
„Werft an den tropfen! ir tut im recht."

F. bl. 42ᵇ. Item wie man Ein mit treck wirft.

## LIII.

Nickel und peter und falbe roß,
Rot pert und auch tieffe moß,
Mutwillige kint und pose weib,
(So man in nit schlecht iren leib,)
5 Holder, weiden und erlein pogen:
Wen die geraten, so sol mans loben.

F. bl. 43$^b$ Wie man solche ding lobe so sie geroten.

## LIV.

Wen man im pad nit wassers hat,
Das man dan sol abwaschen das kat,
Und tanzen sol auf lamen pein,
Und an der vasnacht sol clagen und wein,
5 Und fliehen auf einem tregen gaul,
Der hinten ist lam und fornen faul,
Und leut sol machen mit einem weichen keil:
Der ist ubel besacht auf die eil.

F. bl. 47$^b$ Wie man vbel besorgt ist auff dye eyl. L. bl. 14$^a$.
1. Wer in einem pade nicht L. 2. So er sal (*stets*) waschen
von im L. 3. mit lamen L. 4. an eim tanz L. 5. flehen sal
einem L. 6. forn ist lam vnd hinten f. L. 8. gar ubel L.
besorgt F.

## LV.

Welch ehalt sich stet hoffart fleist,
Und teglich hinden und vorn aufreist,
Und was im sachen sunet zusten,
Das er die schlechtlich hin lest gen,
5 Und tut pei weiln als sehe ers nit:
Dem dank der teuffel und der herzritt.

F. bl. 50$^a$ Wie der tewfl vnd der ritt eim ehalt danckt.

## LVI.

Welch man sein weip auf das ubelst slecht,
Der wirt von got nimer geschwecht;
Und wirft sie den die stiegen hinab,
So kumpt er al sein sunt ab;
5 Schlecht er sie den mit einem pengel,
So ist er vor got ein erzengel;

Schlecht er ir den ein aug aus,
So kumpt er in unser frauen haus;
Schlecht er sie ob dem tisch, wen sie ist,
10 So ist er ein heiliger ewangelist;
Schlecht er sie dan des nachtz in dem pet,
So ist er ein warer prophet;
Schlecht er sie in dem schlaff und schnarch,
So ist er ein heiliger patriarch;
15 Reist er ir das har aus mit zoten,
So ist er einer aus den zwelfpoten;
Schlecht er sie den auf den nack und anken,
Des wil im got imer danken;
Schlecht er irs antlitz pla und meilig,
20 So nimpt in got gern auf für heilig;
Trit er irs maul und pauch mit füessen,
So darf er es weder peichten noch puessen;
Slecht ers im tag siben mal, das sie leit,
So pet er die siben tagzeit;
25 Und lest ir des nachtz auch kein ru,
So pet er ein besalter auch darzu;
Schlecht er sie den mit einem scheit,
Darumb im got sein narung geit;
Schlecht er sie den darnach krump und lam,
30 So verdint er der junkfrau scham;
Schlecht er sie den ganz und gar auf krucken,
So wirt in got in den dritten himel zucken;
Schlecht er ir den ab arm und pein,
So mocht er pei got nit hoher sein;
35 Schlecht er sie, das mans olt und bericht,
So schaut er ewig gottes angesicht;
Schlecht er sie dann ganz und gar zu tot:
So sitzt er pei gottes maiestat,
So leg er an grun, praun und gel
40 Und nem ein andere durch ir sell
Und thue der selben gleich als der,
Wil er nit ewig leiden swer.

F. bl. 66ᵃ Welch man sein weijp slecht vnd wz dar aüs kumpt.

## LVII.

Ein alt und pos gepeu das sinkt,
Und ein geschisner treck der stinkt,
Und lange es manchen man verdreust,
Ein neues armprust gar wol scheust,
5 Ein alter neid oft kumpt zu schulden,
Das man eines neuen nit wil dulden,
Alt wunden die sein auch nit gut zu heilen:
Der neuen macht man genug pei weiln,
So müssen die alten ie vor sterben,
10 Sullen die jungen das gut erwerben.

F. bl. 66ᵇ Wie gut oder pos newe oder alte ding sind.

## LVIII.

Ein kint, das das esprink gewint,
Und der lerpub denn den erbgrint,
Und dem knecht stinkt ein or,
Und uber den packen fleust uber jar,
5 Und ein sun mit einem rinnenden aug,
Das nit alzeit zu sehen taug,
Und der meid die putzen in der naßen stecken
Und den rotz tut wider ein hin lecken,
Und ein weip, die arßwisch tregt
10 Am hembd, das mans ein ackerleng smeckt,
Und ein padknecht, der hat ein grintige haut,
Der neben eim sitzt und in kraut,
Und ein tochter hat die püssereint,
Das iederman ir drum ist feint,
15 Und ein partscherer an den hoden laust,
Ee das er ein filzlaus derknaust,
Und ein den pei der nasen helt,
Pis im do selben der part enpfelt,
Und ein zanarzt, der eim ein zan pricht aus,
20 Und her geet aus dem scheishauß,
Und hat den ars an die finger gewischt
Und also eim im maul umbfischt,
Und im auch selb der otem stinkt:
Der mit den allen ist und trinkt,

25 Der selb der sech sich selber an,
Wie er auch selber sei ein man;
Warzu die speis auch sei zu messen,
Ich mein, sie wer pesser zu speien den zu essen.

F. bl. 67$^b$ Von vnsauben lewten.

## LIX.

Ein guter prediger und leut, die schlaffen,
Ein peichtvater und peichtkint, die sich nit straffen,
Ein guter lesser und kein zuhörer,
Ein frolich leben und ein schimpfzustörer,
5 Ein guter redner und dem wil niemant sweigen,
Ein guter fidelpog und kein geigen,
Kein rauhen sack, darein mans stost:
Der ding sich keins zusamen gnöst.

F. bl. 71$^b$ Die ding schicken sich nit zü samen.

## LX.

Ich kan nicht tanzen, vechten noch springen,
So kan ich nit wol reden noch singen,
So kan ich nit juchsen noch auf pulschaft gen,
So kan ich nit wol gecleidet sten,
5 So han ich kein gelt und kan nichtz kauffen,
So pin ich unsauber und ungeschaffen,
So kan ich nit seitenspil noch lauten,
So kan ich nit pulen und mag nit prauten:
Darumb tue ich umb keine werben —
10 Wan ich derlig alweg in der arskerben.

F. bl. 72$^a$ Warumb ich vmb keine tar werbeñ.

## LXI.

Wen ich weit solt gen und wurd nit müd,
Und kein gelt geben, wen man mich lüd,
Und gewant umbsunst den das schneider lan,
Und mir das machet gnau ligent an
5 Und mich nichtz antet noch enget,
Und mich in zwen eng schuch zwenget,

Die mir die fueß nit deten trucken,
Und kein nestel prech am nider pucken,
Und padet mich an krellen und krauen,
10 Und lies mir mit kopfen ungehauen,
Und das man mir den part glat abschur
Und adern schlug, das ich sein nit innen wür,
Und het als essen und trinken umbsust
Und het zu weibern mer freud und lust —
15 Wer ich den gesunt: was wolt ich clagen?
So mocht ich wol von wollust sagen
Und mich gar wol genungen lassen
Und eine gar stark in den sack stassen.

F. bl. 72ᵃ *Wie einr eine mit lust vnd starck in sack stossen mag. versfolge* 4. 6. 5.

## LXII.

Die geisterin in irem wessen,
Die altag in den puchern lessen,
Und al morgen fru gen metten lauffen,
Und den pfaffen schon korrock kauffen,
5 Und hinden in der kirchen knochen,
Und das sacrament nemen al wochen:
Die farn gen himel, es sei frau oder man,
Es err sie den der teuffel dran.

F. bl. 72ᵇ *Wie die geysteryn gen himel furen.*

## LXIII.

Ein aff und ein pfaff,
Ein jud und ein rud,
Ein luchs und ein fuchs,
Ein paur und ein schaur,
5 Ein muller und ein fuller,
Ein hecker und ein lecker,
Ein geis und ein scheis,
Ein nun und ein tun,
Ein hur und ein schnur,
10 Ein schalk und ein hurnpalk:

Das sein ie zwei und zwei,
Die wonen aneinander pei.
Und wen es gen den sumer gat
Und so der walt mit laube stat
15 So wuchert der jud,
So pult der rud,
So singt der pfaff,
So lauft der aff,
So maust der fuchs,
20 So laurt der luchs,
So ackert der paur,
So slecht der schaur,
So melt der muller,
So saufft der fuller,
25 So hackt der hecker,
So spilt der lecker,
So plet die geis,
So quatert der scheis,
So stinkt die tun,
30 So scheist die nun,
Verpubizt die schnur,
So unkeuscht die hur,
Unz das sie gelt domit gewint:
Erst so ist das ein ganz hurngesint.

F. bl. 74ᵃ Von einem ganczen hurn gesindt. 31. Der pub ein schwur.

## LXIV.

Richters knecht, verreter, leben und schergen,
Henker, statknecht, putel und fergen,
Fraupoten, schreiber und procoraten,
Poeten oder advocaten,
5 Richter, erzt, soldner und schutzen:
Kein frumen thu ich hiemit nutzen;
Den pos schopfen und auch juristen,
Die al geben vil poßer cristen.

F. bl. 86ᵃ Von dingen die geben vil poser cristen.

## LXV.

Wer ein steinhaus hot hoch und weit,
Das oben voller korns leit,
Und ein tieffen kalten keler unden,
Darin der wein leit wol gepunden,
5 Und hat kuchenspeis kes und schmalz,
Ruben, kraut, eir, kumel, zwiffel und salz,
Damit man im sein kuchen fult,
Das im die paurn rein pringen zu gult,
Die schour vol holz unz hinauf zun dachen,
10 Und am dennen hangen drei gut pachen,
Und vier weier mit guten fischen,
Und silber geschir auf allen tischen,
Acht truhen mit cleidern und eine mit gelt,
Und ein lustweib ganz nach der werlt,
15 Die im schone kint mit ern hat gebon:
Solt der nit gern auf erden leben?

F. bl. 88ᵃ Wie einer gern solt leben aüff erden.

## LXVI.

Wen an herr und an frau sein unsinig worn,
Und haben kint, die sein auch torn,
Die selben kint, die haben auch kint,
Das iedem do das hirn schwint,
5 Und geben einer leppin einen lappen:
Jetlichs auf tregt ein narnkappen.

F. bl. 88ᵇ Von eytel toren oder narren ein priamell.
6. Vnd ytlichs.

## LXVII.

Ein hur auf einem schlos,
Und ein pub auf einem ros,
Und ein feder in einem wint,
Und ein laus in einem grint,
5 Und ein paur auf einem mist,
Und ein hunt der an eim pein frist,
Und vor der katzen die maus,
Und wen dan her und frau ist aus,

So haben meid und knecht irn pracht
10 Mertein, sunwenten und vasnacht,
Und won ein schulmeister nit ist zu kor,
So haben die puben iren rumor
Und in der schul auch iren willen:
Der ding der kan man keins gestillen,
15 Man nem den darzu ein poses weib —
Kom teuffel, und zureis iren leib! —
Die pöeser ist den dise allen.
Die mus den hals auf der erden abfallen!

F. bl. 88ᵇ Von eim alten weib dj kan dj ding alle stillen.


## LXVIII.

Locher und schaben und alter im gewant,
Die dink die thun keinem schneider nit ant;
Schnei, eis, reif und grosser frost,
Das ist allen kurßnern ein trost;
5 Reich leut sterben und kinder machen
Mugen wol die pfaffen lachen;
Schlaher, stecher und wunden hauer
Lachen palbirer und arßkrauer;
Der platner hat auch lieb den rost,
10 So er ist in ander leut kost;
So hat auch holt den hunger der peck,
Wan er lert jm die mulseck;
Der schuster und der mulner riff
Nach regen, so es gemächlich liff;
15 Die wagner zeh holz und auch wid,
Zehen stahel und eisen der schmid,
Minne und lieb von schonen frauen:
Der ietzt tut gern an einander schauen
Und hat auch ietlichs aneinander lieb:
20 Den neur der galg nit und der dieb.

F. bl. 89ᵃ Die ding dj haben alle aneinander lieb den allein der dieb und der galg nit. 17. Lieb vnd lieb.

## LXIX.

Nun solt ir dreü ding hie merken,
Die halten den menschen in guten werken:
Lieb got und forcht der ewigen hel,
Ger ewiger freud fur ungefel.
5 Darnach ich euch drei dink erzel,
Das sein die kreft der sel:
Ein rechte vernufft, das ist die erst,
Ein rechte gedechtnus, das ist das herst,
Ein rechten willen, die ist die drit,
10 Die da wannen der sele mit.

F. bl. 90ª Drew ding halten den menschen zü guten werken. 9. dir ist.

## LXX.

Sechs dink die sein ganz an dadel
Und die gehoren alle zu dem adel:
Parmherzigkeit und gottes forcht
Und miltigkeit, wer die worcht,
5 Demutig, warhafft und schlecht
Und lieb haben das gotlich recht.

F. bl. 90ª Die sechs ding gehoren dem adel zu. 4. die nit worcht.

## LXXI.

Die eigenschafft der junkfrauen:
Die rede wenk und sols vor schauen,
Die rede sol sein weis, vernuftig und selzam,
Erschrockenliche wort, schon und scham,
5 Kein gemeinschafft mit posen weiben haben,
Und sich huten vor schenken und gaben,
Auch alte weiber soltu fliehen
Und die cleider, die sich nach der welte zihen.

F. bl. 90ª Von der eygenschaft der junckfrawen.

## LXXII.

Sechs dink die tochter sollen besorgen:
Vater und muter, nacht und morgen,

Als hoffhart, dorheit und leichtfertigkeit,
Lang aufhalten pringt der junkfrau leit;
5 Wan das gesetzt spricht nemlich:
Verzihen das zeucht schaden an sich.

F. bl. 90ᵃ Wie die tochter sechs ding sollen besorgen.
1. der tochter. v. 1 *und* 2 *umgestellt.*

## LXXIII.

Die dreu ding du gar fleissig ub:
Du solt geheissen ein pillich gelub
Und des gar wol beraten dich,
Nit zu schwer zu vil und sei pillich;
5 Das ander, das man darnach leb
Und ganzen willen darzu geb;
Das drit, wen man von geluben walt,
Das man das ewiklichen halt.

F. bl. 90ᵇ. Wie man gelub sol halten.

## LXXIV.

Die stuck vernichten stet und lant:
Ein richter, der miet nimpt in die hant,
Ein geitiger pfaff mit vil pfrünten,
Ein schone frau im frauhaus hinten,
5 Am markt ein betrieglicher kaufman,
Ein spiler, der valsch spilen kan,
Ein liebkoser und ein federlessen
An fursten hoffen und in heuserwesen,
Ein ketzer, morder, prenner und herer,
10 Verreter, dieb, rauber und meineidswerer,
Und wo heimlich zamen swert die gemein:
Die ding mochten nit wol pößer sein.

F. bl. 90ᵇ Die ding vnd dj stück vernichten stet vnd Lant.

## LXXV.

Eim getreuen diner gehoret zu
Vier gute dink, und die er thu:
Das erst, das er sein herschafft furcht
Und nichtz unpillichs gedenk noch wurcht,

5 Das ander, gehorsam sol er verpringen
Und gern in allen pillichen dingen;
Das drit, das er treulichen arbaiten sol
Und im alle ding ausrichten wol;
Das fiert, das er warhafft sei und getreu
10 Und sag nit aus die merlein neu.
Pehente potschafft und nit vernascht:
Die dink got an den echalten ascht.

F. bl. 90ᵇ Von einem getrewen diner.

## LXXVI.

Zwai und zwainzig stuck merk wol,
Darmit man nit vil scherzen sol:
Got, heiligen, der glaub, alt greis,
Das aug, der magtum, der narr, der weis,
5 Mit junkfrau, kindlein, glesser und pfaffen,
Scharsach, nadel, igel und affen;
Und wer vil hoher thurn wil climmen
Und wil in tieffen wassern schwimen,
Laßeisen, rohair und prennend kerzen,
10 Wer mit den dingen vil wil scherzen
Und von eim zeitigen dreck wil krehen:
Der mag die schanz leicht ubersehen,
Das jm mißlinget an gefer,
Spricht Hanns von Wurms palbirer.

F. bl. 113ᵃ Mit XXII stucken sol man nit vil scherczen.

## LXXVII.

Einer, der ein knecht und ein meid hat,
Die umb einander pulen fru und spat,
Und die haupt zu einander auf kussen legen,
Und der knecht der meid wart zu den untern segen;
5 Wer die helt knecht unde meit,
Den geschicht gar selten gut arbait.

F. bl. 119ᵃ Wie einen geschicht selten gut arbeyt.

## LXXVIII.

Ein junger koch im alter ein preter,
Ein junger reuter ein alter verreter,
*Ein purgers knecht im alter ein holzhacker.
*Ein lamer fos des pitels ein zwacker,
5 Ein junge hur im alter ein schutz:
Die * funffe sein niemant im alter nutz.

F. bl. 119ᵇ Die ding sein ym alter nymant nucz. K. bl. 14ᵃ Von dingen die sunst zu nichte nutz sein. 2. im alter ein K. 3. 4 f. in K. und scheinen in F. interpoliert. 6. Die dreu sein sunst zu nichten nutz. K.

## LXXIX.

Welch schlechter lei mit poßen pfaffen
Und mit pösen munichen hat zu schaffen,
Es sei von clagen oder von rechten,
Und auch mit pösen meiden und knechten,
5 Mit hurn und juden und advocaten,
Mit schreibern, richtern und procoraten,
Wer diser person eins oder mer
Lest in sein haus gen hin und her
Oder darin mitwessen hat:
10 Der leit von in schant, laster und spot,
Und freßen im ab in kurzer zeit,
Ist er ein narr und in das geit.
Wil er nit ein petler pleiben,
So thue ers an galgen als aus treiben
15 Und mach sich von in ledig und queit
Und sei mit solchen schelken ungeheit.

F. bl. 129ᵇ Wie man mit solchen schelken sol vngeheit sein. 11. freß er.

## LXXX.

Ein wagenmann, der zehen jar fert,
Der hat zwei jar geschmirt und umbkert;
Ein flachsspinerin, die sich vier jar setzt,
Die hat wol ein jar am faden gnetzt;

5 Ein metzler, der sich zehn jar fleisch hacken rucht,
Der hat den zehen jar wol sere aneinander flucht;
Ein altreus, der zwei jar ein altreuß wirt,
Der hat das ain jar wol mit rubschelfen gschmirt;
Welch schreiber sich mit schreiben hat geliten
10 Zwei jar, der hat das ain jar an den federn geschniten;
Ein maler, der malt acht jar und lert,
Der hat die sechs jar das gmel abgeschaut und gefert;
Welch schuster in zehen jarn nit krankt,
Der hat die vier jar am leder zankt;
15 Welch schreiner vier jar zum hobel hat griffen,
Der hat ein halb jar wol an seim zeug gesliffen;
Zehen jar ein slosser mit knecht und frauen
Hat wol vier jar an den feiln gehauen;
Ein huter, der ein jar zu haus ist geseessen,
20 Der hat wol ein monat har gessen;
Ein zimerman zwei jar ob dem zimer,
Der hat das ain jar wol gemessen imer;
Ein petler, der dreu jar petlens pflicht,
Der hat ein halba jar wol am mantel gflichkt;
25 Welch palbirer vier jar die pert netzt,
Der hat das ain wol an scharsach gwetzt;
Welch puchtrucker funf jar hat getruckt,
Der hat ein jar wol puchstaben wider auszuckt;
Welch weber sechs jar weben kan,
30 Der strickt zwei jar wol feden an;
Welch putner siben jar macht gut poden,
Klopft wol ein jar drauf, wie sie koden;
Welch weib des hurhaus hat acht jar pflegen,
Die ist wol sechs jar am ruck gelegen;
35 Welch kremer neun jar sitzt am markt pein fischen,
Der muß die sechse an pfenwerten auswischen;
Ein schuster wirt mit dem parst erfreut,
Trift er das loch, sunst es in gereut;
Ein statknecht, zehen jar gepuckt,
40 Wol funf jar den hut abzuckt;
Die pirpreu eilf jar pirpreun, geben
Zehen jar rus, hopf und wasser darneben;

Welch weinschenk eilf jar ein schenk wil sein,
Der gibt dreu jar gemocht und heffen fur wein;
45 Welch metschenk zwelf jar met geit hin,
Der gibt ein jar drin hin gemischt mucken und pin;
Wer vier wochen in dem wilpad sitzt,
Der hat darin sich acht tag juckt und geswitzt;
Die harpfen, lauten und fidelpogen,
50 Haben ir zeit halb an den lauten gezogen:
Welch nadler sechs jar in arbait stet,
Macht auch ein jar nadel, do man nit mit net;
Welch kesler fier jar gros arbait anpirt,
Hat ein jar wol kessel mit kudreck geschmirt;
55 Welch ratschmid siben jar furmet allerlei possen,
Hat das ein jar umbsunst gefurmt und gossen;
Welch haffner sein tag gearbait hat,
Das ist wol halbs gewessen kot;
Vier jar die schneider in den steten und dorffen
60 Haben das ein jar mit flecken nach der meuß geworffen;
Und also get es piß ein weil zu
Mit andern hantwerken spat und fru
Mit unutzer arbait in manichen sachen:
Foraus wen man sol kinder machen,
65 So wirt vil arbait umbsunst getan.
Ich weis ie wol, das ich nit kan
Mit kinder machen wol besten,
Es must ie wol die welt zu gen.

F. bl. 130ᵃ Von manicherley vnützer arbayt. 41. Die f.
pirpreut vnd. 49. Die f. 51. in f.


## LXXXI.

Lieb und treu von einem poßen weib,
Die sie hat zu jres mannes leib;
Und die lieb und treu von einer hurn,
Wie lieb hur und pueb aneinander wurn;
5 Und die treu zwischen juden und cristen,
Die sich die leng nie kuntten gefristen;

Und die treu von statknecht und putteln,
Die die leut slahen mit geiseln und knutteln:
Die lieb und treu von disen allen
10 Wolt ich mit einem arswisch bezalen.

F. bl. 132ᵃ Wye man solche lieb vnd trew mocht bezalen.

## LXXXII.

Unsers hern leichnam wurket achtzehen stuck
Der sel zu hilf und auch zu gluck:
Das erst, den finstern mut den lest er wern
Und erleucht den als ein liecht lucern;
5 Das ander, des vaters zorn tilgt er ab
Und senft in als ein edel gab;
Das drit, das er das herz erweicht,
Als gift der edel pflaster fleicht;
Das vierd, das er die vepanten sel
10 Macht frei wol vor der helle quell;
Das funft, das er sie macht so untertenig
Und an iren sinen sus als das honig;
Das sechst, das sein diner werden als weis
Und als stark als der leib von speis;
15 Das sibent, das er den menschen des gebens
Nach diser unru des ewigen lebens;
Das acht, die sel die von hinnen faren,
Wil er belaiten und bewaren;
Das neunt, das er die begerung bereit
20 Als der pauher umb die arbeit;
Das zehent, erfreut er aller himel glast
Und ist dem tronhern ein lieber gast;
Das eilft, das demselben heilt ir wunden
Mer dan al erz auf erd ie kunden;
25 Das zwolft, al verlorn gnad und aplas
Pringt er wider als ein verlornen schatz;
Das dreizehent, das er den toten erwacht
Und seine werk im lebendig macht;
Das viertzehent, das gotlich pilt und tigel
30 Das truckt er im in sein sel und sein eigen sigel;

Das funfzehent, das er die sell enzunt,
Als wie das holz zu koln prunt;
Das sechtzehent, das er die tugent mert
Und die guten wort zu reden gert;
35 Das sibenzehent, der mensch in Christo wirt getreut,
Als schrift und farb al dink verneut;
Das achtzehent, so wirt der mensch also geclugt,
Das in got und sein ingesind zusamen fugt.

G. bl. 5ᵃ Hernach volgt ein p'amel von vnseres hern leiden vnd wurcket 18 stuck der sel zü hilf. 14. Und f.

## LXXXIII.

Got der wurd in leiden geporn,
Wan leiden het er im außerkorn;
Leiden het er pis in sein tot,
Leiden trat im nach alle pfot,
5 Leiden grossen nutz gerucht,
Leiden gen got kein sunt nit sucht,
Leiden macht im got selb gleich,
Leiden geit lon im himelreich,
Leiden leutert dein sel als fur das golt,
10 Leiden die sel vom teuffel holt,
Leiden die sel doch nimer befleckt,
Leiden der flegel als das korn feckt,
Leiden die sel zu got hin jagt,
Leiden der sunde got beflagt,
15 Leiden pringt wider dein verloren zeit,
Leiden setzt dich wider in unschuldigkeit,
Leiden durch got gilt got sein leiden,
Leiden macht selig iuden und heiden,
Leiden unterwirft den leib der sel,
20 Leiden ist dem leib ein selige quel,
Leiden gibt got niemant den den sein,
Leiden das nimpt sunst niemant ein,
Leiden sunst niemant den got vergilt,
Leiden altag den teufel schilt,

25 Leiden macht ler das fegfeur,
Leiden ist hie ein ewige steur,
Leiden das ist und wirt das ewig leben,
Leiden mag mich got zu eigen geben.

G. bl. 5ᵇ Wie ym got der her das leiden hat auserkoren.

## LXXXIV.

Wer krank ist und darzu gedultig,
Dem ist got funf stuck dofur schuldig:
Das erst, ein zeichen sunderlicher lieb,
Das got mit seinen freunten trib;
5 Das ander, das got mit im wirt vereint
Als ein freunt mit einem freint;
Das drit, das ein pater noster sei
Der in gesuntheit gesprochner psalter drei;
Das vierd, ein dultig stund mer abwescht
10 Den dreissig jar im fegfeur ablescht;
Das funft, das got dem menschen verkunt
Jm zu erkennen all sein sunt.

G. bl. 6ᵃ Von einem gedultigen krancken menschen. 8. Den.

## LXXXV.

Vier zeichen der mensch enpfint,
Ob er sei warlich gottes kint:
Das erst, denk fur und hinderwerz,
Und ob er hab ein fridlich herz;
5 Das ander, das er sich gar eben hut,
Das er hab ein andechtig gemut;
Das drit, das er mit scham beschutz
Fur arkwan sein leib und antlutz;
Das viert, gut geper und siten, bedeuten
10 Im selbs und auch andern leuten.

G. bl. 6ᵃ Wy ein mensch enpfint ob er sey gottes kint.
3. sych w. *einkorrigiert.* 9. funfft.

## LXXXVI.

Wer sein leben wil recht schlichten,
Der sol sich nach dreien dingen richten:

Das erst, wen der mensch wirt enzunt,
Das er eins gangs sein zungen punt,
5 Das sie furpas nit rede me,
Pis das sein herz in fride ete;
Das ander, von wem er betrubt wer,
Das er hin wider thue zucht und er;
Das drit, so er in trubsal fal,
10 Dan alle hilf im sei ein gal,
Das neur von got so sei dein trost,
Von dem er ewig wirt erlost.

G. bl. 6ᵇ Wie ein mensch sein leben sol recht schlichten.

## LXXXVII.

O mensch, du solt hie fur dich schieben,
Wiltu got dort ewig lieben
Vier sach, die mustu thun und leiden:
Der welte zungen dich lan verschneiden,
5 Das ander, verschmehung der welt,
Das drit, dein sunt du alzeit melt,
Das vierd, gotz lesterung alzeit ant
Und lester du ewiglichen niemant.

G. bl. 6ᵇ Wie der mensch got sol lieben ewig.

## LXXXVIII.

Ein schwester iren pruder leret
Funf gedenken, domit er got eret:
Der erst gedank, so wir zu im lieffen,
So mug wir im mit gedanken rieffen;
5 Das ander, das wir an allen steten
In alle mugen haben und allezeit heten;
Das drit, das wir im danken mugen
Und mit lob uns zu im gefugen;
Das viert, das uns niemant gegen im
10 Verligen kan in zornes grim;
Das funft, das wir so ein mechtigen got han,
Den uns niemant ie nemen kan.

G. bl. 7ᵇ Ein swester jren brader leret funff gedencken.

## LXXXIX.

Mensch, neun dink dich got auf erden heist.
Die wurden eim geoffnet in dem geist:
Das erst, wer einen pfennig gibt
Einem armen menschen, domit es got libt,
5 Der ist im pesser in dem leben,
Den tet er nach seinem tot geben
Gold silber als den gris,
Das es oben an die wolken stis;
Das ander, der ein schmelich wort vertrug
10 Durch got, wer pesser, den das er schlug
Gerten auf seinem ruck entzwei,
Was ir getragen mochten drei;
Das drit, das ist, demutig dich
Unter al creatur, das ist got loblich,
15 Und gibt dem menschen darumb mer seld,
Den wallet er aus die ganzen weld,
Ob halt sein fues so plutig wurn,
Noch ist demut got neher aururn;
Das vierd, (so geit got zu ruen stat,
20 Ewig zu pleiben in der selde pfat)
Ist got lieber, das du in erkenst,
Den das du die ganzen welt aus renst;
Das funft, ein zaher durch got vergossen
Das ist got neher von dir eingeflossen,
25 Den weinestu umb deines leibes nar
Mer, den in keinem mer ie gewar;
Das sechst, so neh dich selber zu got,
Ist dir nutzer, den wern alle engel dein pot;
Das sibent, das du niemant verurteilst,
30 Domit du dein sel mer heilst,
Den schlugstu altag deinen leib pluten
Durch got mit geiseln und mit ruten;
Das acht, was got uber dich verhenkt,
So pit got, das er dir das erlengt,
35 Das nimpt got lieber von dir hin,
Den lidestu den pitern tod durch in;

Das neunt, so du mitleiden hast,
Mit deinem negsten und pei im stast,
Domit dustu got vil mer beweisen,
40 Den destu ein lant vol armer leut speisen.

G. bl. 7ᵇ Wie got IX ding einem offnet in dem geyst.
2. dein. 8. an die wolken *zweimal.* 13. Der drit.


## XC.

Welch mensch hie gottes leiden bedenkt,
Der selb mensch hie von dem teufel wenkt,
Und tut jm alzeit widerstreben,
Dem wil got drei gnad drum geben:
Die erst, wil er in waschen mit dem flos,
Die got aus seiner seiten gos;
Das ander, er reiniget in mit dem plut,
Das got aus seinen wunden wut,
Das der himel ewig sein mues wesen,
10 Als do man im anstreich den taufkressen:
Das drit, wil er durch sein gotlich milt
In der sel lassen in sein eigen pilt.

G. bl. 10ᵃ Wie ein mensch gotes leiden bedenckt. 12. sein sein.


## XCI.

Ein seliger mensch got lang mant,
Pis jm von got wurd erkant,
Wie er sein herz mocht gereinigen,
Das sich got mocht mit im vereinigen.
5 Do sprach got: „Funf ding mustu verpringen:
Das erst, ein ganz ellent von allen dingen;
Das ander, ein vergessen und nit wissen
Auf erd von allen creatur verflissen;
Das drit, ein ganz aufsehen weit
10 In dem ursprunk gotlicher einigkeit;
Das viert, ein inprunstig verlangen nach got;
Das funft, das dir alles das sei ein not,

Das ich dort pin und thue geben
Hie den meinen ein peinlichs leben,
15 Und dort zu niessen die suß figur
Des inner markes gotlicher natur."

G. bl. 10ᵇ Wie got zu eim menschen sprach funf ding müstu verpringen. 4. mocht f. 13. hie geben. 16. ymer.

## XCII.

Ein seliger mensch gewan den schaden,
Das er kom von gotlichen genaden.
Do weint und clagt er tag und nacht.
Do sprach got: „Wem ich sein andacht
5 Zuck, mein genad und suesse zart,
Der selb mensch wider auf funf dink wart,
Das er die hab in seinem herzen:
Das erst, ub dich mit guten dingen in schmerzen,
Und in den dingen so finstu mich;
10 Das ander, eins reinen herzen fleis dich,
Darinnen kein pos gewissen weltzt,
Darinnen du mich ewig beheltzt;
Das drit, das du dich alzeit habst bereit,
Was sichtag ader was arbeit
15 Dir muglich sei zu einer quel,
Domit bestetigs mich in deiner sel;
Das wirt, so du aus suessem herzen bedenks
An mich, domit du mich speist und drenks;
Das funft, so du nit anderst kanst
20 Und mich deines guten willen ermanst,
Domit du mir die werk zusachst,
Die du vor menschlicher natur nit verpringen machst."

G. bl. 10ᵇ Wie ein mensch von gotlichen gnaden kom.

## XCIII.

Welch priester sein tagzeit fleissig pet,
Funf gnad im got darumb bestet:
Das erst, das alle seine wort
Von got dester williglicher werd erhort;

5 Das ander, das seine ding besten
Nach unsern dingen, dest pas ergen;
Das drit, was dem menschen get zu handen,
So behut in got vor sunden und vor schanden;
Das funft, das wil im got besunder gnad bedeuten,
10 Die er nit gibt andern leuten;
Und den priestern wil er geben zu letz
Die masanei der himel gesetz.

G. bl. 11ᵃ Wen ein priester sein tagzeit fleyssig bet.

## XCIV.

Als got seine heilige marter lid
Und sich von seinen freunten schid,
Zuletz funf stuck tet er sie heissen
Und sprach: „Ein ieder tue sich ir fleissen:
5 Das erst, so denkt oft an mich,
So wil ich alzeit behuten dich,
So wert ir lauter als die sun,
Mit meiner marter ich das gewun;
Das ander, ir solt sein gern allein,
10 So wil ich alzeit pei euch sein,
So enpfahent ir den heiligen geist;
Das drit, du nit vil reden seist,
So wiert dein red dest minder gestrafft;
Das fiert, mit kumernufs euch nit haft,
15 So wert ir auch von niemant betrubt;
Das funft, in niemantz trost euch ubt
Dan in meinem trost allein,
So wil ich euch selber trosten sein."

G. bl. 11ᵃ Wie got sein freunten funf stuck hieß do er sein marter lid.

## XCV.

Es begeret ein mensch von got auf erden,
Wie er mocht ewig selig werden.
Got sprach: „Sechzehen tugent, die hab:
Das erst, aller leut freuntschafft tu dich ab

5 Und tue dich feint mit allem erzeigen;
Die ander tugent, du solt sweigen;
Gen allerwelt seistu vereint,
Allein dein herz sei mir gemeint;
Das drit, so ich kum darein behauß,
10 Das mich kein sunt nit treib herauß;
Das viert, dein herz das soltu ziehen
Nach mir und alle sund thue fliehen;
Das funft, du solt den posen und guten
Zu vergeben dein ubel an in muten;
15 Die sechst tugent, wes du mich pitzt,
So gewer ich dich geistlicher litzt;
Das sibent, du solt alzeit mein geruchen
Und von mir und anderst kein trost suchen
In lieb in leid alzeit von mir,
20 So wird ich auch gespeist von dir;
Das acht, gagt dich die welt, so fleuh an mich,
Ich behalt dich und fahe auf dich;
Das neunt, erkenstu mein gotlich lieb,
Die ich durch dich doch ewig trib,
25 Des fleuh auch nit und las nit ab;
Das zehent, was ich dir freiens willen gab,
Was dich dein fleischlich gir heist,
Dem gib nit nachvolg deinem geist;
Das elft, du solt beger in geistlichen dingen,
30 Der ich geruch mit dir verpringen,
Der ich ie hab mit dir gedacht,
Pis das das werd an dir verpracht;
Das zwelft, dein herz sei außgenummen,
Das mein genad darein mag kumen,
35 So mein sussigkeit darein werd fliessen,
Das ichs angeschaut darein mug giessen;
Das dreizehent, das du wirst in meiner tugent gefunden,
So zeig ich dir mein heilig funf wunden;
Das vierzehent, fleuch und neig dich in mich,
40 Mit meiner gut durchgeuß ich dich;
Die funfzehent tugent, beger der kron,
Die ich gib meinen dienern zu lon;

Die sechzehent, du solt mit al dein dingen
Dein willen in meinen willen verpringen,
45 Es sei zum leben oder zum tot,
Ich hilf dir hie und dort aus not."

G. bl. 11ᵇ Es begeret ein mensch von got selig zu werden.
5. feint f. 26. X. ebenso ziffern 29. 37. 39. 41. 43.

## XCVI.

Unrecht der ist und trinkt al stund,
Und nit hat got im herzen grund;
Und der lacht, tanzt, singt und springt,
Und nit nach gottes hulden ringt;
5 Unrecht der ist pei frauen und meiden,
Und dopei vergisset gottes leiden;
Unrecht der ficht, streit und rent,
Und dopei vergisset gottes und nit erkent;
Unrecht der nach gut ser wirbt,
10 Und doch vor got an der sel stirbt;
Unrecht der lernt, dich und schreibt,
Und nit in der lieb gotz becleibt;
Unrecht der ist zu einem priester worden,
Und nit helt dopei priesters orden;
15 Unrecht der an tregt geistlichs cleit,
Und der die welt im herzen treit;
Unrecht, der gewinnet grosses gut,
Und nicht hat got in seinem mut;
Das unrecht fur alles unrecht gat,
20 Und nit reu an seinem letzten ent hat,
Und denkt nit, das er kum von ern
Und widerumb zu kot muß werden.

G. bl. 22ᵃ Von dem vnrechten — — — sequitur.

## XCVII.

In einem fers geschriben stat,
Das unkeusch funf pose stuck hat:
Das erst, so schwent sie des mannes plut;
Unkeusch schwecht den geistlichen mut,

5 Und swecht auch darzu sel und leib,
Nimt ru und schlaf man und weib;
Unkeusch pringt armut und schant;
Wol dem, der ir doch nie enpfant!
Unkeusch hat irrung an manchem gang,
10 Gedenken und am herzen gezang;
Mit gensten, mit horn und pliken
Vor ir kan nimanz nit geschicken;
Den wer mit streit ir gesiget an,
Der muß dem fleisch vast widerstan.

G. bl. 22$^b$ Wie die vnkeusch funff pose stuck hat.

## XCVIII.

Funf stuck sein aus der massen gut;
Wol dem selben, der jm recht tut:
Das erst ist zeit verliessen solten;
Das ander, freuntschafft wider gelten;
5 Das drit, in leiden hat guten mut;
Das viert, den lieb hat, der jm leit tut;
Das funft, der gedult hat in schmacheit:
Secht, das heis ich alles ein hubschheit.

G. bl. 56$^a$ Von funff Stücken dj gar gut sein.

## XCIX.

Vor knechtes zung und kinder spil,
Vor hunds maul, als ich sagen wil,
Vor grossen fuessen und lispenden leuten:
Hut dich wol, thue ich dir bedeuten!

G. bl. 65$^b$ Wie vnd wem sie einr wol huten sol.

## C.

Vier dink sein gar cleglich
Und allen menschen gar schedlich:
An nütz verzern des leibes macht,
Die zeit verliossen tag und nacht,
5 Gotz gnad versaumen an clag
Und die sunt meren alle tag.

d. bl. 180$^a$.

# Verzeichnis der priamelanfänge.

Als got sein heilige marter lid XCIV.
Der mensch kein zucht noch scham hat XLIX.
Die dreu ding du gar fleissig ub LXXIII.
Die eigenschafft der junkfrauen LXXI.
Die geisterin in irem weesen LXII.
Die groß untreu mit leichen und effen XLIII.
Die stuck vernichten stet und lant LXXIV.
Eim getreuen diner gehoret zu LXXV.
Eim man, dem gut und er zu fleußt XXXIII.
Ein aff und ein pfaff LXIII.
Ein alt und pos gepeu das sinkt LVII.
Einer, der ein knecht und ein meid hat LXXVII.
Ein gast, dem ein wiert gütlich thut XXXII.
Ein guter prediger und lout die schlaffen LIX.
Ein hunt der in grimen wüt LI.
Ein hur auf einem schlos LXVII.
Ein junger koch im alter ein preter LXXVIII.
Ein kint, das das esprink gewint LVIII.
Ein korsner und ein summer heiß XLII.
Ein mensch, das lieber pöß wer dann frum XXV.
Ein mensch, der in sworen totsünden stet XXXV.
Ein priester, der ob dem alter stet XV.
Ein schwester iren pruder leret LXXXVIII.
Ein seliger mensch gewan den schaden XCII.
Ein seliger mensch got lang mant XCI.
Ein sweigender schuler XXVIII.
Ein wagenmann, der zehen jar fert LXXX.
Ein zaghaft streit unter eins fürsten paner XIII.
Es begeret ein mensch von got auf erden XCV.
Funf stuck sein aus der massen gut XCVIII.
Getreulich gearbeit mit allen geliden I.
Got der wurd in leiden geporn LXXXIII.
Harpfen und geigen und lauten slahen XXIV.
Haußkern und windel waschen V.

Hett ich des keisers weib XLVIII.
Ich kan nicht tanzen, vechten noch springen LX.
In einem vers geschriben stat XCVII.
Jaghunt, wilde swein und hasen XIV.
Kein grosser nar mag nit werden XIX.
Lieb und treu von einem poßen weib LXXXI.
Locher und schaben und alter im gewant LXVIII.
Mensch, neun dink dich got auf erden heist LXXXIX.
Müssig geen und zarten leip gezogen XXVI.
Neun schaden zum haubt die schol man wissen XLVII.
Nickel und peter und falbe roß LIII.
Nun solt ir dreu ding hie merken LXIX.
O mensch, du solt hie fur dich schieben LXXXVII.
Posheit und grintig pader XXIX.
Richters knecht, verreter, leben und schergen LXIV.
Sechs dink die sein ganz an dadel LXX.
Sechs dink die tochter sollen besorgen LXXII.
Secht, grosse schon on pose lieb VIII.
Selich ist der, der hie on pfennig reicht XLI.
Selig ist, der nimmer nicht übel spricht XXXIX.
Selig sei, der nimmer nicht wirt verheit XL.
Selig sei die hant, die den munt nert XXXVIII.
Staup, lauch und raugb XXXI.
Und wenn ich wer der aller konst LII.
Unrecht der ist und trinkt al stund XCVI.
Unsers hern leichnam wurket achtzehen stuck LXXXII.
Vier dink sein gar cleglich C.
Vier zeichen der mensch enpfint LXXXV.
Von alter werden clein visch groß X.
Vor alter wirt der man greiß XVI.
Vor alter wirt der man gro XVII.
Vor knechtes zung und kinder spil XCIX.
Welch ehalt sich stet hoffart fleist LV.
Welch man sein weip auf das ubelst slecht LVI.
Welch mensch hie gottes leiden bedenkt XC.
Welch priester sein tagzeit fleissig pet XCIII.
Welch schlechter lei mit poßen pfaffen LXXIX.
Welcher man hat ein taschen gros und weit IV.
Welcher mensch in der kirchen kniet XXXVII.
Welcher ritter pei einer meß stett XLIV.
Welich man sein frauen slecht im pet XLII.
Welich man sich vil rumpt von frauen XX.
Welich menschen die vier kotemer nit vasten XXXIV.
Wen an herr und an frau sein unsinnig worn LXVI.
Wen ich weit solt gen und wurd nit müd LXI.

Wen man im pad nit wassers hat LIV.
Wer alle tag wil ligen im luder XXX.
Wer auf eim paum hoch wil purzeln XXII.
Wer auf einem weichen moß wil stelzen XXIII.
Wer einem wolf traut auf die heid IX.
Wer ein steinhaus hat hoch und weit LXV.
Wer gern spilt und ungern gilt XI.
Wer got nit dankt seiner grossen milt XXXVI.
Wer in der kirchen stet und swatzt XXI.
Wer krank ist und darzu gedultig LXXXIV.
Wer leben wolle nach der mensur XLVI.
Wer recht wöll halten die zehen gepot VII.
Wer schlechtlich gelaubt der zwelf artickel VI.
Wer seim nechsten getreu woll sein X.
Wer seinen pulen nicht leicht XXVII.
Wer sein haus woll wöl besachen III.
Wer sein leben wil recht schlichten LXXXVI.
Wer sucht in eim kutrolfglaß genß XVIII.
Wer ungeschaut in secken kauft IX a.
Wer zu dem haubt leßt in dem wider XLV.
Wol essen und trinken nach aller bogier II.
Zwai und zwainzig stuck merk wol LXXVI.

### Bemerkte Druckfehler.

S. 50, 8 lies „wart" für „wert". Auf S. 14, Zeile 17 nach „19, 13 die st. den" ist einzufügen: 28, 1 „lanck" st. „kranck". 36, 2 „schuch" st. „schühlein". 50, 7 „in" st. „on".